中等职业教育汽车运用与维修专业理实一体化项目课程教材

汽车发动机一般维修

Qiche Fadongji Yiban Weixiu

卫云贵　主　编

人民交通出版社股份有限公司

北　京

内容提要

本教材以发动机一般维修项目为主要内容,包括:发动机总体认识、发动机故障灯亮的检查与更换、喷油器不喷油的检查与更换、发动机进气系统异常的检查与更换、火花塞不跳火的检查与更换、发动机冷却液温度高的检查与更换、机油故障灯亮的检查与更换、配气机构异常的检查与更换、曲柄连杆机构异响的检查与更换、发动机总成的就车更换10个典型项目。

本教材主要供中等职业学校汽车维修等专业教学使用,还可以作为汽车维修人员和汽车技术爱好者自学用书。

图书在版编目(CIP)数据

汽车发动机一般维修/卫云贵主编.—北京:人民交通出版社股份有限公司,2020.2
ISBN 978-7-114-16304-3

Ⅰ.①汽… Ⅱ.①卫… Ⅲ.①汽车—发动机—车辆修理 Ⅳ.①U472.43

中国版本图书馆 CIP 数据核字(2020)第 014010 号

中等职业教育汽车运用与维修专业理实一体化项目课程教材

书　　名:	汽车发动机一般维修
著 作 者:	卫云贵
责任编辑:	刘　倩
责任校对:	张　贺　宋佳时
责任印制:	刘高彤
出版发行:	人民交通出版社股份有限公司
地　　址:	(100011)北京市朝阳区安定门外外馆斜街3号
网　　址:	http://www.ccpress.com.cn
销售电话:	(010)59757973
总 经 销:	人民交通出版社股份有限公司发行部
经　　销:	各地新华书店
印　　刷:	北京印匠彩色印刷有限公司
开　　本:	787×1092　1/16
印　　张:	11.5
字　　数:	278 千
版　　次:	2020年2月　第1版
印　　次:	2020年2月　第1次印刷
书　　号:	ISBN 978-7-114-16304-3
定　　价:	35.00元

(有印刷、装订质量问题的图书由本公司负责调换)

前　言

根据《国家中长期教育改革和发展规划纲要(2010—2020年)》的精神,为推进职业教育课程改革和教材建设进程,将一体化课程及项目课程作为职业教育课程改革的主导思想,以工作任务为课程设置与内容选择的参照点,以项目为单位组织内容并以项目活动为主要学习方式的课程模式,山西交通技师学院组织编写了本套汽车运用与维修专业的系列课程教材。

本项目课程教材的主要特色有:

1. 强调以实践为主,理论为辅。
2. 以能力为本位,以就业为导向,教学任务的选取贴近生产实际。
3. 体现"做中学"的教学理念,提升学生对汽车故障的判断能力和解决能力,表现为会做且知道为什么这样做。
4. 课程内容采用文字、图像等图文并茂的展现形式。

本教材是汽车各专业必修的核心课程教材之一,由山西交通技师学院老师编写,编写分工如下:项目一、项目九及项目十由王勇勇老师编写,项目二由卫云贵老师编写,项目三、项目四及项目八由宫亚文老师编写,项目五、项目六及项目七由陈学兵老师编写。全书由卫云贵老师担任主编,由籍银香老师担任主审。

本教材是校企合作共同开发的课程配套教材,适合中等职业学校汽车运用与维修专业教学使用。限于作者水平,书中难免存在错漏之处,恳请读者提出意见和建议,以便在修订时改正和完善。

编　者

2019 年 3 月

目 录

项目一	发动机总体认识	1
项目二	发动机故障灯亮的检查与更换	16
项目三	喷油器不喷油的检查与更换	60
项目四	发动机进气系统异常的检查与更换	78
项目五	火花塞不跳火的检查与更换	87
项目六	发动机冷却液温度高的检查与更换	99
项目七	机油故障灯亮的检查与更换	110
项目八	配气机构异常的检查与更换	120
项目九	曲柄连杆机构异响的检查与更换	136
项目十	发动机总成的就车更换	158
参考文献		175

项目一　发动机总体认识

项目导入

汽车要在道路上行驶必须先有动力,而动力的来源就是发动机(图1-1)。发动机性能的好坏是决定汽车行驶性能的重要因素。目前,汽车使用的发动机一般为内燃机,发动机的功能就是将燃料的化学能转变成热能再转变成机械能,而机械能也就是一般所说的动力。发动机在将燃料转变成动力的过程中会经过一定的工作程序,而且此程序是周而复始、不断循环的。

图1-1　发动机

学习目标

一、知识目标

(1)能描述发动机的安装位置及其组成部分结构。
(2)能描述发动机的类型。
(3)能描述发动机的功用和工作原理。
(4)能描述发动机的基本术语。

二、技能目标

能够正确识别汽车发动机各组成部分名称及功用。

知识准备

汽车发动机是汽车的动力源,为汽车提供动力。发动机通常安装在车头的发动机舱中,如图1-2所示。

图 1-2 发动机安装位置

一、发动机分类

1. 按行程数分类

活塞式内燃机每完成一个工作循环,便对外做功一次,不断地完成工作循环,才能使热能连续地转变为机械能。在一个工作循环中,活塞往复四个行程的内燃机称作四冲程往复活塞式内燃机,而活塞往复两个行程便完成一个工作循环的称作二冲程往复活塞式内燃机,如图 1-3 所示。

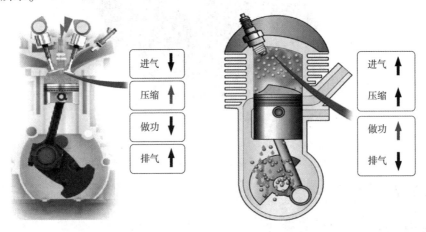

a)四冲程往复活塞式内燃机　　　　b)二冲程往复活塞式内燃机

图 1-3 按行程数分类

2. 按冷却方式分类

按冷却方式的不同,活塞式内燃机可分为水冷式和风冷式两种。以水或冷却液为冷却介质的称作水冷式内燃机,以空气为冷却介质的称作风冷式内燃机。

现代汽车发动机绝大多数采用水冷却方式,并且用冷却液代替水作为冷却介质。冷却液是水和乙二醇的混合液,既可防止发动机过热,又可防止冬季结冰,损坏发动机,如图 1-4 所示。

3. 按汽缸排列方式分类

按汽缸排列方式分类,可分为直列式、V 型、水平对置式、W 型和星型五种,如图 1-5 所示。

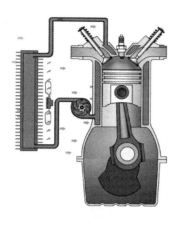

a)水冷式　　　　　　　　b)风冷式

图 1-4　按冷却方式分类

a)直列式　　　　　　b)V型　　　　　　c)水平对置式

d)W型　　　　　　　　e)星型

图 1-5　按汽缸排列方式分类

4. 按凸轮轴安装位置分类

按照凸轮轴安装位置不同,发动机可分为凸轮轴上置、凸轮轴中置,凸轮轴下置三种,如图 1-6 所示。

a)凸轮轴上置　　　　　b)凸轮轴中置　　　　　c)凸轮轴下置

图 1-6　按凸轮轴安装位置分类

5. 按点火方式分类

按点火方式不同，发动机又可分为点燃式和压燃式两种，如图1-7所示。

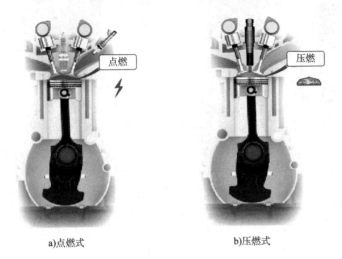

a)点燃式　　　　　　b)压燃式

图1-7　按点火方式分类

二、发动机基本术语

1. 工作循环

活塞式内燃机的工作循环是指在汽缸内进行的每一次将燃料燃烧的热能转化为机械能的一系列连续过程。

2. 上、下止点

活塞顶离曲轴回转中心最远处为上止点；活塞顶离曲轴回转中心最近处为下止点。在上、下止点处，活塞的运动速度为零，如图1-8所示。

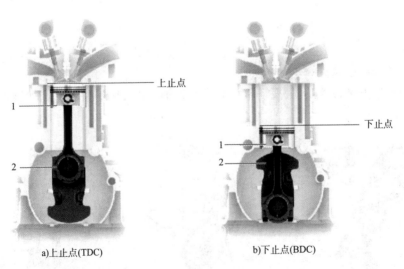

a)上止点(TDC)　　　　　　b)下止点(BDC)

图1-8　发动机上、下止点

1-活塞；2-曲轴

3. 活塞行程

活塞在上、下止点间的运行距离，称为活塞行程，用 S 表示，如图1-9所示。

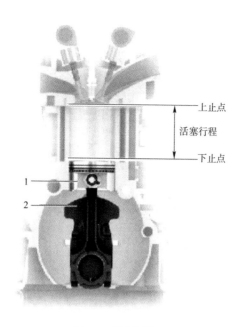

图 1-9 活塞行程 S
1-活塞；2-曲轴

4. 曲柄半径

曲轴连杆轴颈的轴线到曲轴主轴颈轴线（曲轴回转半径）间的距离称为曲柄半径，用 R 表示。曲柄半径也叫曲柄销回转半径。显然，曲轴每回转一周，活塞移动两个活塞行程。对于汽缸中心线通过曲轴回转中心的内燃机，其 $S=2R$。结构设计中曲柄半径决定活塞行程，活塞行程也随曲柄半径的增大而加长，随曲柄半径的减小而缩短，如图 1-10 所示。

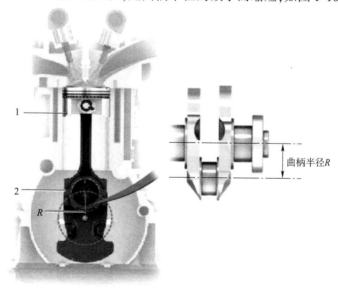

图 1-10 曲柄半径 R
1-活塞；2-曲轴

5. 燃烧室容积

活塞在上止点时，活塞顶与汽缸盖之间的容积，称为燃烧室容积，也叫压缩容积，用 V_c 表示，如图 1-11 所示。

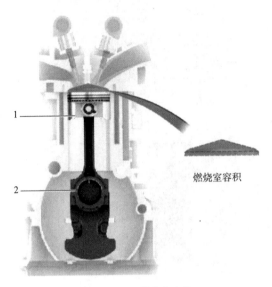

图1-11 燃烧室容积
1-活塞；2-曲轴

6. 汽缸工作容积

上、下止点间所包容的汽缸容积,用 V_h 表示,如图1-12a)所示。

7. 汽缸总容积

汽缸工作容积与燃烧室容积之和称为汽缸总容积,用 V_a 表示,如图1-12b)所示。

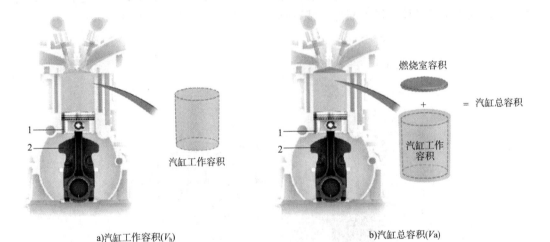

a)汽缸工作容积(V_h)　　　　　　　　　　b)汽缸总容积(V_a)

图1-12 汽缸工作容积与总容积
1-活塞；2-曲轴

8. 发动机排量

所有汽缸工作容积的总和称为发动机的工作容积或发动机排量,用 V_L 表示。发动机的排量主要取决于缸径和活塞行程,这两个参数也是发动机的两个基本结构参数,两者的比值对发动机的性能有很大影响。

9. 压缩比

汽缸总容积与燃烧室容积之比,用 ε 表示,如图1-13所示。

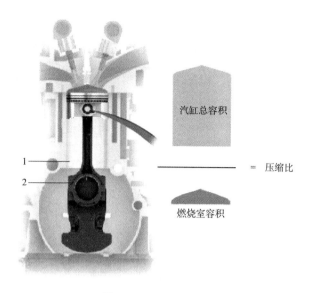

图1-13 汽缸压缩比 ε

1-活塞;2-曲轴

三、汽油机的工作原理

1. 进气行程

进气门打开,排气门关闭,转动的曲轴带动活塞从上止点向下止点运动,缸内容积增大,压力降低而形成真空,将可燃混合气吸入汽缸,如图1-14所示。

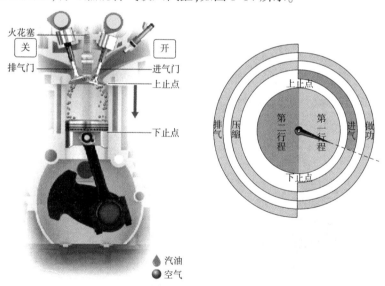

图1-14 进气行程

2. 压缩行程

在进气终了时立即进入压缩行程。在此行程中,进、排气门均关闭,曲轴推动活塞由下止点向上止点移动一个行程。此时,混合气压力高达0.6~1.2MPa,温度可达600~700K,如图1-15所示。

3. 做功行程

在压缩行程接近终了时,火花塞产生电火花点燃混合气,此时进、排气门仍关闭。由于混合气的迅速燃烧,使缸内气体的温度和压力迅速升高,最高压力可达 5~9MPa,最高温度可达 2200~2800K。在高温高压气体的作用力推动下,活塞向下止点运动,活塞的下移通过连杆使曲轴旋转运动,产生转矩而做功,如图 1-16 所示。

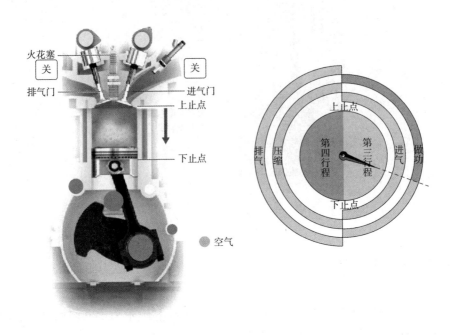

图 1-15 压缩行程

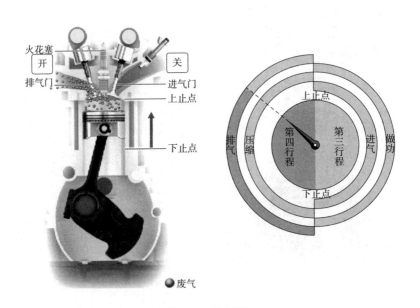

图 1-16 做功行程

4. 排气行程

当做功行程接近终了时,排气门打开,进气门仍关闭,因废气压力高于大气压力而自动排出。此外,当活塞越过下止点上移时,还靠活塞的推挤作用强制排气。活塞到上止点附近时,排气行程结束,如图 1-17 所示。

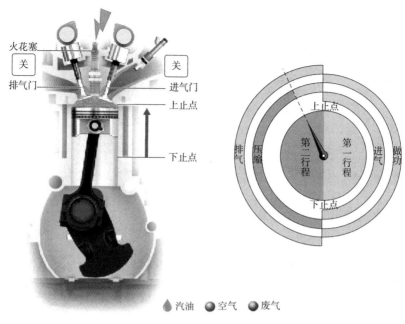

图1-17 排气行程

项目实施

一、实施路径

(1)第一步:认识曲柄连杆机构。
(2)第二步:认识配气机构。
(3)第三步:认识燃油供给系统。
(4)第四步:认识点火系统。
(5)第五步:认识冷却系统。
(6)第六步:认识润滑系统。
(7)第七步:认识起动系统。
(8)第八步:认识发动机电控系统。

二、实施方案

(1)课时建议:6学时(按实际维修工时要求)。
(2)教学环境:理实一体化教学实训中心。
(3)质量要求:参照厂家的质量标准要求。
(4)组织方式:学生自由组合,每4~6位同学为一组。
(5)生产准备,每组配备的工具及设备:
①场地,装有废气抽排系统和消防设施的实训维修车间。
②安全支座,套装常用工具、专用工具。
③轿车、维修作业台等。
(6)实训作业要求。
①职业化形象,穿戴干净整洁制服。

②安全生产,遵守场地安全规定。

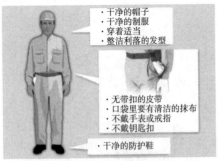

③遵守纪律,严格执行操作规程。
④互助、关爱,注意用电安全事项。

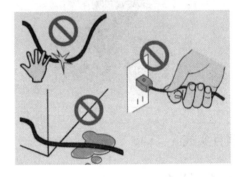

⑤保持场地整洁,避免自己和他人伤害。
⑥团队协作,有组织的计划与准备。

⑦提高效率,快速、可靠地工作。
⑧7S观念,培养良好的工作习惯。

三、实施步骤

汽油机由两大机构和五大系统组成,即由曲柄连杆机构、配气机构,燃料供给系统、润滑系统、冷却系统、点火系统和起动系统组成；柴油机由两大机构和四大系统组成，即由曲柄连杆机构、配气机构、燃料供给系统、润滑系统、冷却系统和起动系统组成，因柴油机是压燃的，故不需要点火系统。

第一步　认识曲柄连杆机构

（1）曲柄连杆机构由机体组、活塞连杆组和曲轴飞轮组三部分组成，如图1-18所示。

（2）它的作用是将燃料燃烧时产生的热能转变为活塞往复运动的机械能，再通过连杆将活塞的往复运动变为曲轴的旋转运动，从而对外输出动力。

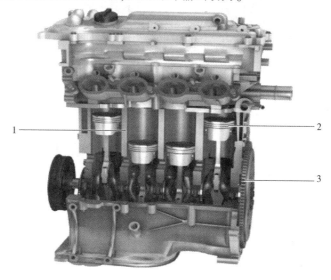

图1-18　曲柄连杆机构组成
1-机体组；2-活塞连杆组；3-曲轴飞轮组

第二步　认识配气机构

（1）配气机构主要由气门组和气门传动组两部分组成，如图1-19所示。

（2）配气机构的主要作用是使可燃混合气及时充入汽缸，并及时从汽缸内排出废气。

图1-19　配气机构组成

第三步　认识燃油供给系统

（1）燃油供给系统由汽油箱、电动燃油泵、燃油滤清器、喷油器、空气滤清器、进气管、排气管、排气消声器，以及一系列传感器等组成，如图1-20所示。

(2)它的作用是把汽油和空气混合成合适的可燃混合气供入汽缸以供燃烧,并将燃烧生成的废气排出发动机。

图1-20 燃油供给系统组成
1-燃油分配管;2-燃油泵;3-燃油箱;4-燃油滤清器;5-喷油器

第四步 认识点火系统

(1)点火系统由供给低压电流的蓄电池、发电机、发动机控制单元(ECU)、带点火控制器的点火线圈、高压线及火花塞等组成,如图1-21所示。

(2)它的作用是保证按规定时刻及时点燃汽缸中被压缩的可燃混合气。

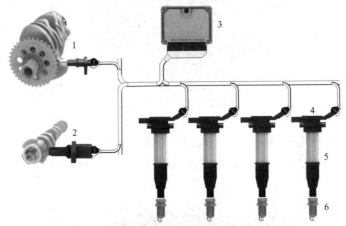

图1-21 点火系统组成
1-曲轴位置传感器;2-凸轮轴位置传感器;3-ECU;4-点火模块;5-点火线圈;6-火花塞

第五步 认识冷却系统

(1)冷却系统主要由水泵、散热器、风扇、分水管、汽缸体放水阀以及水套等组成,如图1-22所示。

(2)冷却系统的功用是把受热机件的热量散发到大气中去,以保证发动机正常工作。

第六步 认识润滑系统

(1)润滑系统由机油泵、集滤器、限压阀、油道、机油滤清器等组成,如图1-23所示。

(2)润滑系统的功用是将润滑油供给到做相对运动的零件表面,以减少它们之间的摩擦阻力,减轻机件的磨损,并部分地冷却摩擦零件,清洗零件表面。

第七步 认识起动系统

(1)起动系统由起动机及其附属装置等组成,如图1-24所示。

(2)起动系统的功用是使静止的发动机起动,并转入自行运转。

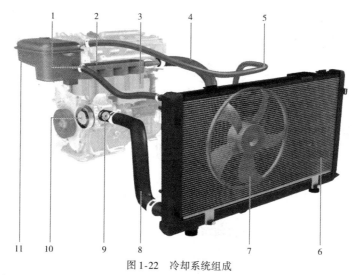

图 1-22 冷却系统组成

1-补偿管;2-汽缸盖水套;3-汽缸体水套;4-散热器进水软管;5-溢流管;6-散热器;7-冷却风扇;8-散热器出水软管;9-节温器;10-水泵;11-膨胀水箱

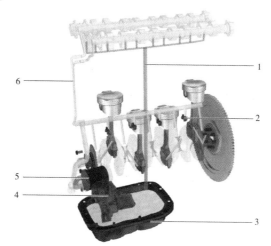

图 1-23 润滑系统组成

1-回油道;2-机油喷嘴;3-油底壳;4-机油泵;5-机油滤清器;6-油道

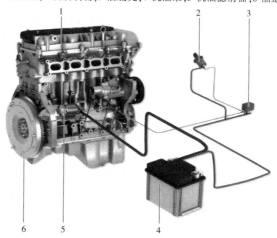

图 1-24 起动系统组成

1-发动机;2-点火开关;3-起动继电器;4-蓄电池;5-起动机;6-飞轮

第八步　认识发动机电控系统

(1) 发动机电控系统由 ECU、传感器和执行器三部分组成,如图 1-25 和图 1-26 所示。

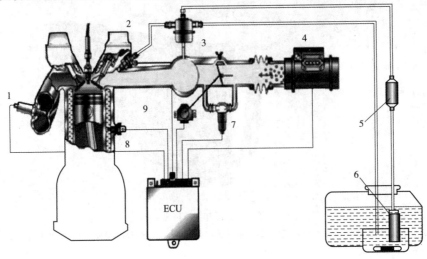

图 1-25　发动机电控系统的组成(一)

1-氧传感器;2-喷嘴;3-调压器;4-热线式空气流量计;5-燃油滤清器;6-电动燃油泵;7-怠速执行器;8-水温传感器;9-节流阀位置开关

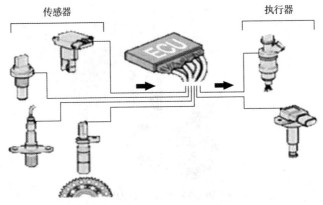

图 1-26　电子控制系统的组成(二)

(2) 发动机电控系统的功能包括燃油喷射控制、点火控制、怠速控制、EGR(废气再循环控制)、配气正时控制、可变进气控制等。电控系统工作是否正常,直接关系到发动机的运转是否正常。因此,发动机电控系统的故障诊断与维修是发动机维修作业的一项重要内容。发动机电子控制系统各元件的布置如图 1-27 所示。

学习小结

(1) 汽油发动机是由曲柄连杆机构和配气机构两大机构,冷却系统、润滑系统、起动系统、点火系统、供给系统五大系统组成。

(2) 往复活塞式内燃机根据行程数分,可分为四冲程往复活塞式内燃机和二冲程往复活塞式内燃机。

(3) 按冷却方式的不同,活塞式内燃机可分为水冷式和风冷式两种。

(4) 配气机构主要由气门组和气门传动组两部分组成。

(5) 发动机电子控制系统主要由 ECU、传感器和执行器组成。

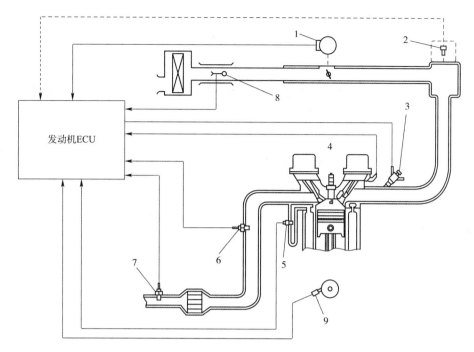

图1-27 电子控制系统各元件的布置

1-节气门位置传感器;2-进气管压力传感器;3-喷油器;4-凸轮轴位置传感器;5-水温传感器;6-氧传感器;7-氧传感器;8-空气流量计;9-曲轴位置传感器

项目评价

考评项目		自我评价	小组互评	教师评价
素质考评(20分)	劳动纪律(4分)			
	安全意识(4分)			
	环保意识(4分)			
	团队精神(4分)			
	协作能力(4分)			
技能考评(80分)	工量具使用(10分)			
	任务方案(15分)			
	实施过程(30分)			
	完成结果(15分)			
	工单填写(10分)			
合计(100分)				
综合评价(100分)				

学生签字:_____   组长签字:_____   教师签字:_____

项目二　发动机故障灯亮的检查与更换

项目导入

为了应对越来越严苛的环保要求，并达到改善发动机排放性能的目的，同时为了提高发动机的动力性、经济性及安全性，现代汽车均采用了计算机控制系统即电控系统来控制汽油发动机的工作，本任务就介绍汽车发动机电控系统的原理及检查更换。

学习目标

一、知识目标

（1）能叙述汽车发动机电子控制系统的功用及组成。
（2）能够叙述发动机电控系统的控制原理等。

二、技能目标

能使用相关工具完成发动机电控系统主要部件的检查与更换。

知识准备

一、发动机电控系统概述

如图2-1所示，发动机电控系统包括传感器、ECU和执行器。发动机在运行时，ECU接收各传感器送来的发动机工况信号，并根据ECU内部预先编制的控制程序和存储的数据，通过计算、处理、判断，确定适应发动机不同工况的喷油量及喷油时间、点火提前角等参数，并将这些数据转变为电信号，向各个执行器发出指令，从而使发动机保持最佳工作运行状态，如图2-2所示。

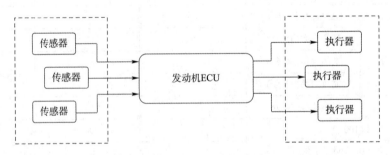

图2-1　发动机电控系统组成示意图

二、发动机电控系统功能

发动机电控系统组成及功能主要包括燃油喷射控制系统、点火控制系统、怠速控制系统、进气控制系统、排放控制系统、巡航控制系统、警告提示系统、自诊断与报警系统、失效保护及应急备用等系统与功能，其组成具体见图2-3～图2-7。

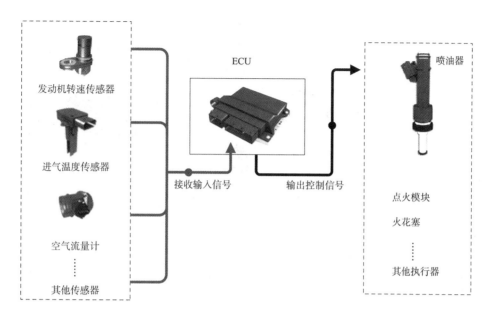

图 2-2　发动机电控系统工作原理

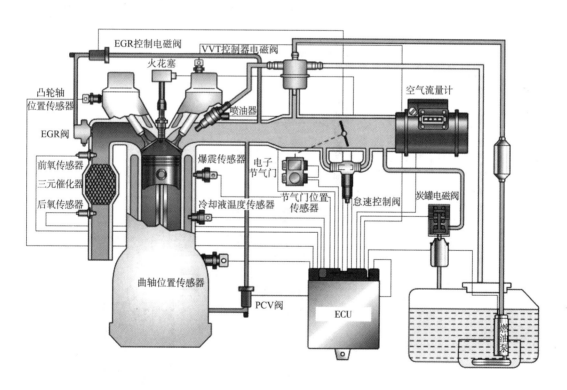

图 2-3　发动机电控系统组成

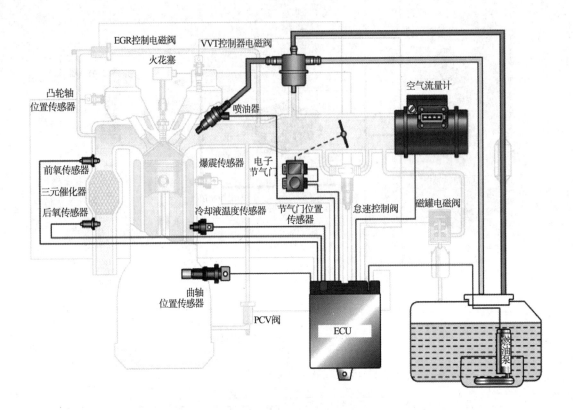

图 2-4 电控燃油喷射系统组成

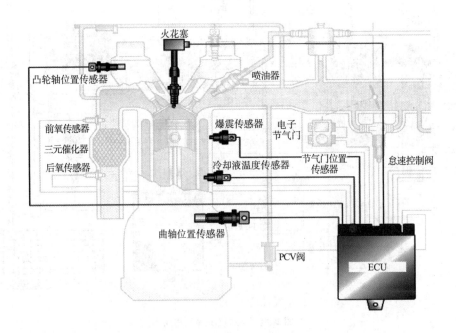

图 2-5 电控点火系统组成

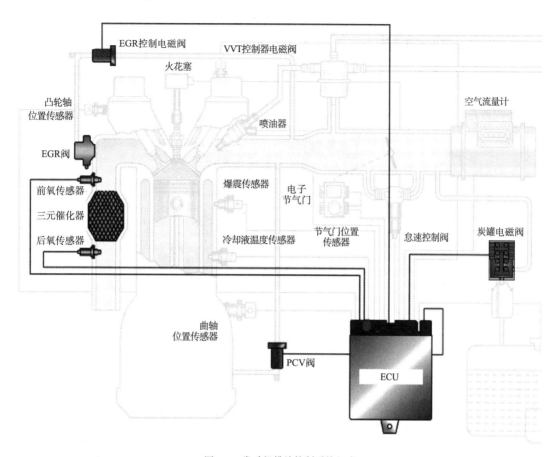

图 2-6 发动机排放控制系统组成

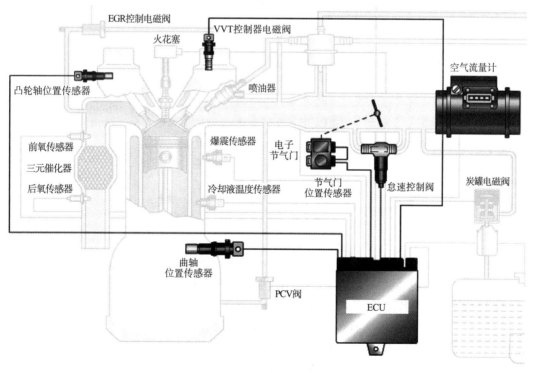

图 2-7 发动机进气控制系统组成

三、发动机电控系统布置

丰田卡罗拉轿车发动机电控系统布置如图2-8、图2-9所示。各传感器具体位置如下：

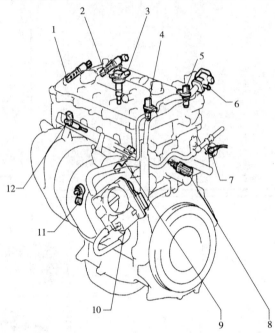

图2-8 丰田卡罗拉(1ZR-FE)发动机电控系统传感器及部分执行器的位置
1-凸轮轴正时机油控制阀总成(进气凸轮轴);2-凸轮轴正时机油控制阀总成(排气凸轮轴);3-带点火器的点火线圈;4-凸轮轴位置传感器(进气凸轮轴);5-凸轮轴位置传感器(排气凸轮轴);6-占空比控制型真空开关阀;7-加热型氧传感器;8-冷却液温度传感器;9-曲轴位置传感器;10-节气门体(带电动机);11-爆震传感器;12-喷油器

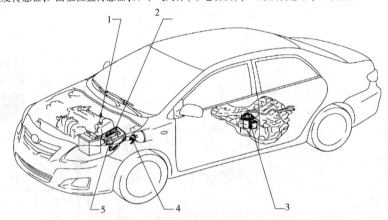

图2-9 丰田卡罗拉车型的ECU、燃油泵、继电器盒等的位置
1-空气质量流量计;2-ECM;3-燃油泵;4-加热型氧传感器;5-发动机舱继电器盒

(1)曲轴位置传感器:一般安装在曲轴前端,皮带轮后,或曲轴后端,飞轮前。

(2)凸轮轴位置传感器:凸轮轴前端或后端。

(3)空气流量计:空气滤清器后,节气门前的进气管路中。

(4)进气压力传感器:节气门后的进气总管上。

(5)节气门位置传感器:节气门轴的一端。

(6)水温传感器:缸体或缸盖出水管上。

(7)爆震传感器:缸体一侧或缸盖表面。

(8)氧传感器:排气管上。

(9)进气温度传感器:进气管路上,多与进气压力传感器一体。

四、曲轴位置传感器的结构与原理

1. 曲轴位置传感器功用

如图2-10所示,曲轴位置传感器的作用是采集曲轴转动角度信号、曲轴位置信号和曲轴转速信号,并将这些信号输入ECU,ECU用此信号控制燃油喷射量、喷油正时、点火时刻(点火提前角)、点火线圈通电时间、怠速转速及电动汽油泵的运行等,其控制电路见图2-11。

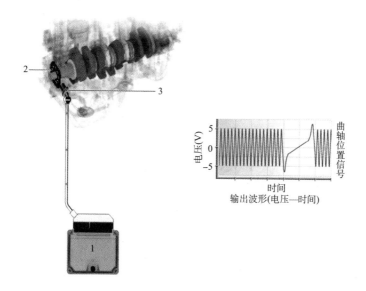

图2-10 曲轴位置传感器原理示意图
1-ECU;2-曲轴;3-曲轴位置传感器

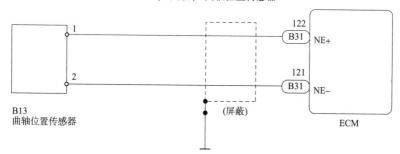

图2-11 曲轴位置传感器控制电路图

曲轴位置传感器产生发动机转速信号,用来决定基本喷油量和基本点火提前角;曲轴位置传感器产生曲轴基准位置信号,用以计算曲轴转角,判定曲轴(或活塞)位置。

2. 曲轴位置传感器结构

如图2-12所示,曲轴位置传感器是发动机电控系统中最重要的传感器之一,可分为磁感应式、霍尔式和光电式三种。其中,最常用的是磁感应式曲轴位置传感器和霍尔式曲轴位置传感器。

a)霍尔式曲轴位置传感器　　b)光电式曲轴位置传感器　　c)电磁式曲轴位置传感器

图 2-12　曲轴位置传感器的分类

如图 2-13 所示,磁感应式曲轴位置传感器主要由铁芯、永久磁铁、连接器针脚、线圈、壳体、密封圈等组成。其中,永久磁铁上带有一个传感器磁头,传感器磁头与导磁板连接构成导磁回路。

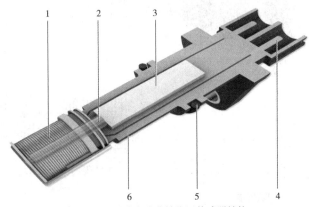

图 2-13　磁感应式曲轴位置传感器结构

1-线圈;2-铁芯;3-永久磁铁;4-连接器针脚;5-密封圈;6-壳体

如图 2-14 所示,霍尔式曲轴位置传感器主要由永久磁铁、连接器、霍尔元件、导磁软铁、连接支架等组成。

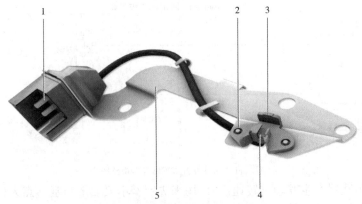

图 2-14　霍尔式曲轴位置传感器结构

1-连接器;2-导磁软铁;3-永久磁铁;4-霍尔元件;5-连接支架

3. 曲轴位置传感器工作原理

如图 2-15 所示,磁感应式曲轴位置传感器是利用信号转子产生脉冲信号。信号转子凸齿靠近磁极时,磁阻变小,磁通量变大;信号转子凸齿远离磁极时,磁阻变大,磁通量变小。

信号转子的凹槽随曲轴旋转到与传感器相对的位置时,使通过传感器内线圈的磁通量发生瞬时变化,产生交变电信号,从而通过线圈产生感应电动势,向 ECU 提供输出电压信号。

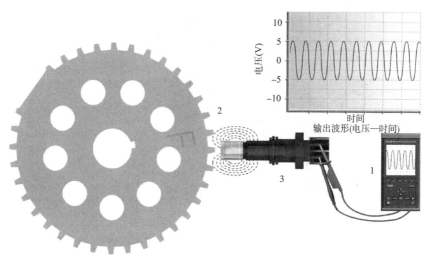

图 2-15 磁感应曲轴位置传感器工作原理
1-示波器;2-信号转子;3-曲轴位置传感器

如图 2-16 所示,霍尔式曲轴位置传感器是利用触发叶片改变通过霍尔元件的磁场强度,从而使霍尔元件产生脉冲的霍尔电压信号,经过放大整形后即为曲轴位置传感器的磁场信号。叶片在永久磁铁和霍尔元件之间,磁场被屏蔽,不产生霍尔电压。

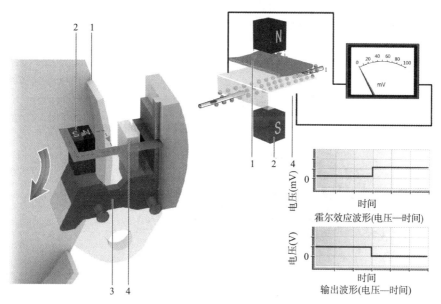

图 2-16 霍尔式曲轴位置传感器工作原理
1-叶片;2-磁铁;3-软铁;4-霍尔元件

五、凸轮轴位置传感器的结构与原理

1. 凸轮轴位置传感器安装位置及功用

如图 2-17 所示,凸轮轴位置传感器作为检测凸轮轴位置的一个信号装置,一般安装在凸轮轴罩盖前端对着进排气凸轮轴前端的位置。

图2-17　凸轮轴位置传感器的安装位置

如图2-18所示,凸轮轴位置传感器的功用是采集凸轮轴位置信号,并将信号输入ECU。采集到的信号是发动机ECU的判缸信号,用来确定哪个汽缸处于压缩状态。凸轮轴位置传感器与曲轴位置传感器配合工作,使发动机ECU能准确判定活塞上止点位置,从而精确地进行喷油控制、点火正时控制及配气正时控制等。

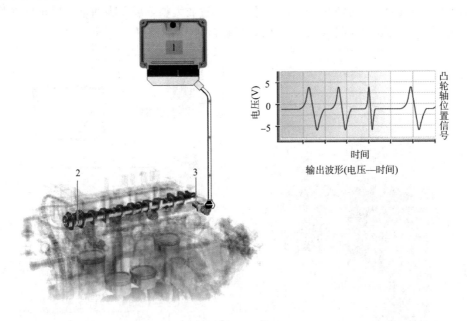

图2-18　凸轮轴位置传感器的功用
1-ECU；2-凸轮轴；3-凸轮轴位置传感器

2. 凸轮轴位置传感器结构

如图2-19所示,与曲轴位置传感器类似,凸轮轴位置传感器也可以分为三种:霍尔式凸轮轴位置传感器、光电式凸轮轴位置传感器和电磁式凸轮轴位置传感器,其中常用的是霍尔式凸轮轴位置传感器。

如图2-20所示,霍尔式凸轮轴位置传感器主要由霍尔IC、连接器针脚、壳体、密封圈等组成。

a)霍尔式凸轮轴位置传感器　　b)光电式凸轮轴位置传感器　　c)电磁式凸轮轴位置传感器

图 2-19　凸轮轴位置传感器的分类

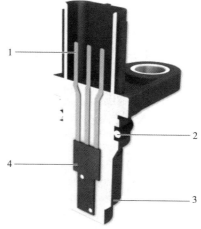

图 2-20　霍尔式凸轮轴位置传感器结构
1-连接器针脚；2-密封圈；3-壳体；4-霍尔 IC

3. 凸轮轴位置传感器工作原理

如图 2-21 所示,霍尔式凸轮轴位置传感器是利用触发叶片改变通过霍尔元件的磁场强度,从而使霍尔元件产生脉冲的霍尔电压信号,经过放大整形后即为凸轮轴位置传感器的磁场信号。

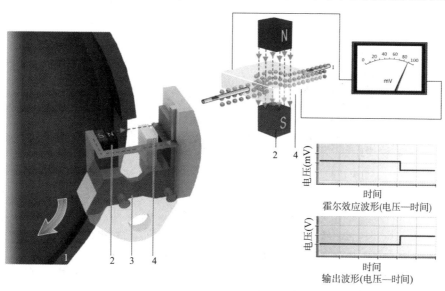

图 2-21　霍尔式凸轮轴位置传感器工作原理
1-叶片；2-磁铁；3-软铁；4-霍尔元件

六、爆震传感器的结构与原理

1. 爆震传感器功用

发动机的爆震是指发动机汽缸内的可燃混合气在火焰前锋尚未到达之前自行燃烧,导致压力急剧上升而引起缸体振动的现象。在发动机工作的临界点或有轻微爆震时,发动机热效率最高,动力性和经济性最好,但剧烈的爆震会使发动机的动力性和经济性严重恶化。

爆震传感器安装在发动机缸体上,通过检测发动机缸体的振动,判断有无爆震发生及爆震强度,并将发动机爆震信号转换为电信号输入发动机 ECU,以便 ECU 修正点火提前角,其目的是为了提高发动机动力性能的同时不产生爆震。

2. 爆震传感器分类

如图 2-22 所示,爆震传感器主要有磁致伸缩式和压电式爆震传感器两种,而压电式爆震传感器又分为共振型爆震传感器和非共振型爆震传感器。

a)磁致伸缩式爆震传感器　　b)共振型压电式爆震传感器　　c)非共振型压电式爆震传感器

图 2-22　不同类型的爆震传感器

如图 2-23 所示,磁致伸缩式爆震传感器是一种电感式传感器,利用电磁感应把被测的物理量,如振动、压力、位移等转换成线圈的自感系数和互感系数的变化。再由电路转换为电压或电流的变化量输出,实现非电量到电量的转换。磁致伸缩式爆震传感器主要由铁芯、永久磁铁、感应线圈、伸缩杆及外壳等组成。压电式爆震传感器利用压电效应原理制成。凡是能变换为力的动态物理量,如压力、加速度等,均可用其进行检测。

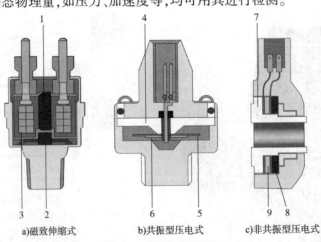

a)磁致伸缩式　　b)共振型压电式　　c)非共振型压电式

图 2-23　爆震传感器结构

1-伸缩杆;2-磁铁;3-感应线圈;4-基座;5-共振件;6-压电元件;7-基座;8-振动板;9-压电元件

3. 非共振型压电式爆震传感器结构和工作原理

如图 2-24 所示,非共振型压电式爆震传感器由压电陶瓷、振动板、压板、基座、连接器、外壳等组成,它实际是一种加速度传感器,以接受加速度信号的形式来检测爆震。

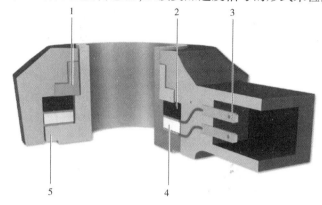

图 2-24 非共振型压电式爆震传感器结构
1-压板;2-振动板;3-连接器针脚;4-压电陶瓷;5-基座

如图 2-25 所示,当发动机产生爆震时,发动机缸体出现振动,爆震传感器的壳体与振动板之间产生相对运动,夹在壳体与振动板之间的压电陶瓷所受的压力发生变化,利用压电陶瓷的压电效应将振动转化为电压信号输入 ECU,ECU 根据输入信号判断发动机有无爆震及爆震的强度。通过控制点火时刻防止爆震,有爆震则推迟点火时刻,无爆震则提前点火时刻,使点火时刻在任何工况都保持最佳值,即实现爆震控制。

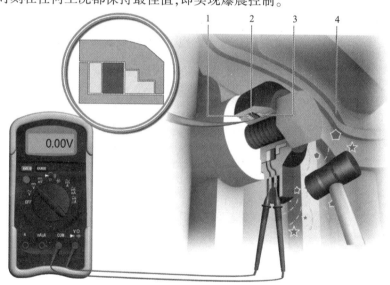

图 2-25 爆震传感器的工作原理
1-压电陶瓷;2-振动板;3-压板;4-缸体

七、氧传感器的结构与原理

轿车上一般安装有前氧传感器和后氧传感器。前氧传感器安装在发动机排气管和三元催化器之间,主要用于修正喷油量;后氧传感器也称为空燃比传感器,安装在三元催化转换器之后,用于监视三元催化转换器的工作状况。

氧传感器用来检测废气中氧的浓度并转换为电信号,将此信号反馈给 ECU,ECU 据此判断可燃混合气的浓度,调节喷油量。可燃混合气的浓度偏稀时增加喷油量,偏浓时减少喷油量,使可燃混合气浓度接近理论值(空燃比 14.7:1)。

1. 氧传感器结构

如图2-26所示,常见的氧传感器有加热型氧化锆式和加热型氧化钛式氧传感器。

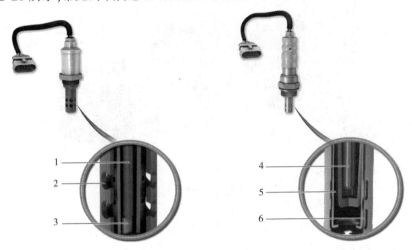

a)加热型氧化钛式氧传感器　　b)加热型氧化锆式氧传感器

图2-26　氧传感器的类型

1-加热元件;2-通气孔;3-二氧化钛元件;4-加热元件;5-锆管;6-通气孔

如图2-27所示,加热型氧化钛式氧传感器主要由二氧化钛元件、加热元件、通气孔、陶瓷管、连接器等组成,其中加热元件采用热敏电阻,其上绕有钨丝并引出两个电极直接与汽车电源(12~14V)相通,用于对二氧化钛进行加热,使氧化钛式氧传感器迅速到达工作温度而投入使用。

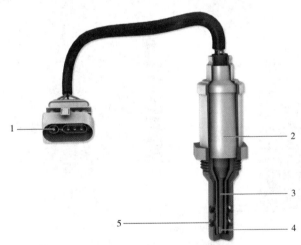

图2-27　加热型氧化钛式氧传感器结构

1-连接器针脚;2-陶瓷管;3-加热元件;4-二氧化钛元件;5-通气孔

如图2-28所示,加热型氧化锆式氧传感器主要由锆管、内电极、外电极、加热元件、陶瓷管、连接器等组成。其中,加热元件采用热敏电阻,其上绕有钨丝并引出两个电极直接与汽车电源(12~14V)相通,用于对锆管进行加热,使氧化锆式氧传感器迅速到达工作温度而投入工作。

2. 氧传感器工作原理

以氧化锆式氧传感器为例,二氧化锆为一种固体电解质,在高温下,氧离子在其内部能够扩散和渗透。当氧化锆管的内外侧表面分别接触到不同密度的氧时,氧化锆物质中的氧离子便从内向外扩散,产生电动势,管内外侧的铂电极便产生电压。

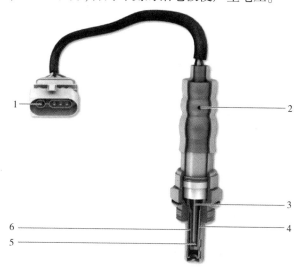

图 2-28 加热型氧化锆式氧传感器结构
1-连接器针脚;2-大气孔;3-加热元件;4-锆管;5-内电极;6-外电极

在高温及铂的催化下,废气中带负电的氧离子吸附在氧化锆套管的内外表面上,由于大气中的氧气比废气中的氧气多,套管上与大气相通一侧比废气一侧吸附更多的负离子,两侧离子的浓度差产生电动势,使铂电极产生电压信号,此电压信号在输入回路的比较器中与基准电压对比,以 0.45V 以上为 1、以 0.45V 以下为 0 输入汽车 ECU 中处理,ECU 把高电压信号视作浓混合气,把低电压信号视作稀混合气。根据氧传感器的电压信号,ECU 按照尽可能接近 14.7:1 的最佳空燃比来稀释或加浓混合气。

如图 2-29 所示,排气管废气中氧气含量增加时,锆管内外表面之间的电压差减小,氧传感器输出低电压信号(<0.45V),反馈给 ECU 的是混合气稀信号,ECU 将增加喷油脉宽。

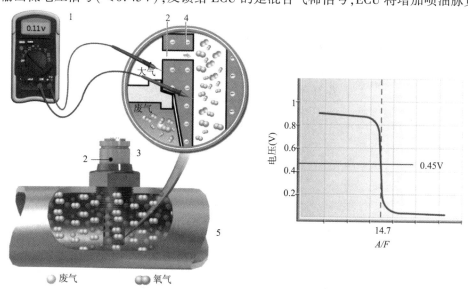

图 2-29 氧化锆式氧传感器工作原理(空燃比大于 14.7)
1-万用表;2-大气孔;3-氧传感器;4-锆管;5-排气管

如图 2-30 所示，排气管废气中氧气含量减少时，锆管内外表面之间的电压差增加，氧传感器输出高电压信号（>0.45V），反馈给 ECU 的是混合气浓信号，ECU 将减少喷油脉宽。

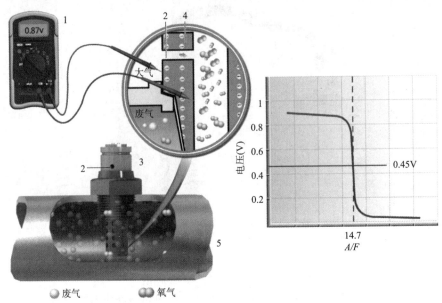

图 2-30　氧化锆式氧传感器工作原理（空燃比小于 14.7）
1-万用表；2-大气孔；3-氧传感器；4-锆管；5-排气管

八、三元催化转换器（TWC）的结构与原理

如图 2-31 所示，三元催化转换器是安装在汽车排放控制系统中最重要的机外净化装置，它可将汽车尾气排出的 CO、HC 和 NO_x 等有害气体通过氧化和还原作用转变为无害的二氧化碳、水和氮气。由于这种催化转换器可同时将废气中的三种主要有害物质转换为无害物质，故称"三元"。

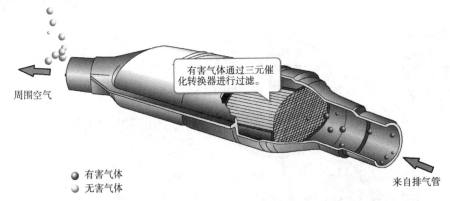

图 2-31　三元催化转换器的功用

如图 2-32 所示，三元催化转换器主要由外壳、金属网、陶瓷块、整流器等组成。

三元催化转换器可以将有害物质转化为无害物质，其转化过程中化学反应主要有氧化反应和还原反应两种。有害成分按照下面的步骤被转化：

首先，三元催化转换器利用内含的贵重金属铑（Rh）做催化剂，氮氧化物和 CO 还原反应生成 N_2、CO_2 和 O_2，化学反应如下：

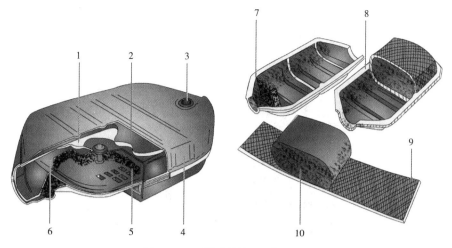

图 2-32 三元催化转换器的结构组成

1-内壳;2-隔热层;3-填料孔螺塞;4-外壳;5-陶瓷小球;6-陶瓷小球保持架;7-分流器;8-外壳;9-金属网;10-带蜂窝状小孔的陶瓷块

$$2NO + 2CO = N_2 + 2CO_2$$
$$2NO_2 + 2CO = N_2 + 2CO_2 + O_2$$

其次,在铂(Pt)或钯(Pd)催化剂的催化下,CO 和 HC 与氧气发生氧化反应,产生 CO_2 和 H_2O,化学反应如下:

$$2CO + O_2 = 2CO_2$$
$$2C_2H_6 + 7O_2 = 4CO_2 + 6H_2O$$

氧化过程需要的氧气来源于不完全燃烧后在废气中残余的氧气,还有一部分来源于氮氧化物还原反应中生成的氧气。

实际上,上述化学反应在正常的环境下也能够自发地进行,但其转换速度和转换效率很有限。依靠自发进行的化学反应无法达到现代汽车排放污染控制法规的要求。而在三元催化转换器的反应床表面上,在常规的发动机排气温度和催化剂的作用下,上述化学反应的速度和效率被大大增强了。

九、节气门控制单元的结构与原理

1. 节气门位置传感器功用

节气门位置传感器安装在节气门体总成上,检测节气门开度,属于非接触型传感器。使用霍尔效应元件,以便在极端的行驶条件下(例如高速、极低车速)也能生成精确的信号。

2. 节气门体结构

如图 2-33 所示,霍尔式节气门体主要由霍尔 IC、连接器、磁铁、节气门电机、节气门轴、节气门减速齿轮等组成。

3. 节气门位置传感器工作原理

节气门位置传感器用于检测节气门开度情况。如图 2-34 所示,当节气门关闭时,传感器输出电压降低,当节气门开启时,传感器输出电压升高。ECM 根据这些信号来计算节气门开度并响应驾驶员输入来控制节气门执行器。这些信号同时也用来计算空燃比修正值、功率提高修正值和燃油切断控制。

节气门位置传感器有两个传感器电路 VTA1 和 VTA2,两个传感器电路分别传送信号。

VTA1 用于检测节气门开度，VTA2 用于检测 VTA1 故障。传感器信号电压与节气门开度成比例，在 0V 和 5V 之间变化，并且传送至 ECM 的 VTA 端子。

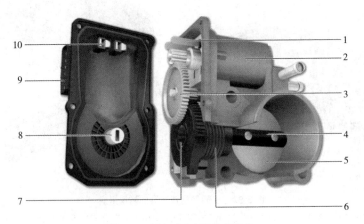

图 2-33　霍尔式节气门体的结构

1-插头；2-节气门电机；3-减速齿轮；4-节气门轴；5-节气门；6-复位弹簧；7-磁铁；8-霍尔 IC；9-连接器；10-插座

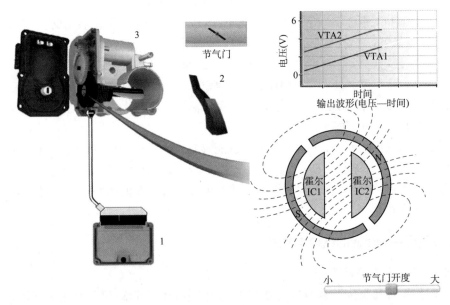

图 2-34　霍尔式节气门位置传感器的工作原理

1-ECU；2-加速踏板；3-节气门体

4. 节气门位置传感器电路图

丰田卡罗拉轿车 1ZR-FE 发动机上的节气门位置传感器与 ECU 之间的连接线路如图 2-35 所示，其中端子含义如下：

E2：搭铁线。

VTA2：电子节气门传感器 2 号信号端。

VC：工作电压。

VTA：电子节气门传感器 1 号信号端。

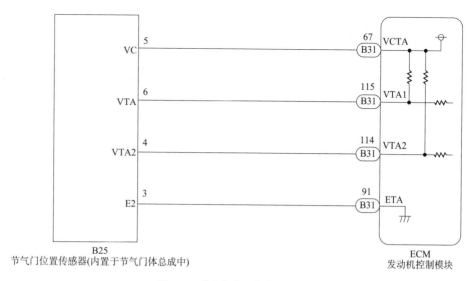

图 2-35 节气门位置传感器电路图

十、冷却液温度传感器的结构与原理

1. 冷却液温度传感器功用

如图 2-36 所示，汽车发动机冷却液温度传感器安装在发动机缸体的水套上，与冷却液接触。冷却液温度传感器主要用来检测冷却液温度，并向 ECU 输送对应的电信号，ECU 根据发动机冷却液温度信号的变化，对基本喷油量、点火提前角、怠速、尾气排放等控制进行修正。

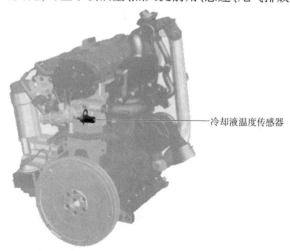

图 2-36 冷却液温度传感器安装位置

2. 冷却液温度传感器结构

如图 2-37 所示，冷却液温度传感器主要由热敏元件、接线护管、壳体、连接器等组成。其中热敏元件为负温度系数热敏电阻，冷却液温度越高，电阻值越小。

3. 冷却液温度传感器工作原理

如图 2-38 所示，冷却液温度传感器用于检测发动机冷却液温度，冷却液温度传感器采用负温度系数热敏电阻，其阻值随冷却液温度变化而发生相应变化，冷却液温度越低电阻值越大，冷却液温度越高，电阻值越小。在传感器输出端输出不同的电压信号至 ECU，ECU 根据电压信号的变化，对基本喷油量、点火提前角、怠速、尾气排放等控制进行修正。

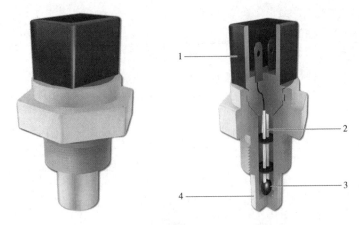

图 2-37 冷却液温度传感器结构
1-连接器;2-接线护管;3-热敏元件;4-壳体

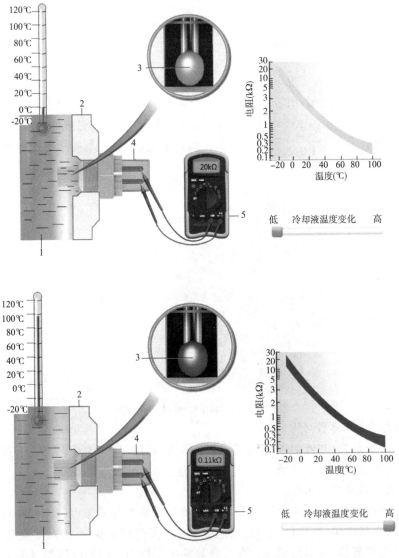

图 2-38 冷却液温度传感器工作原理
1-冷却液;2-水套;3-热敏元件;4-冷却液温度传感器;5-万用表

4. 冷却液温度传感器电路控制原理

如图 2-39 所示,冷却液温度传感器的两根导线都和控制单元相连接,其中一根为搭铁线,另一根的对地电压随热敏电阻阻值的变化而变化。

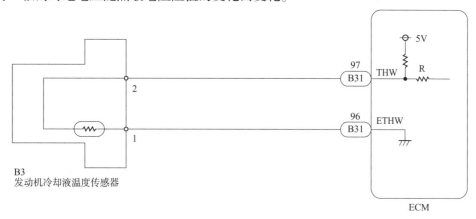

图 2-39　冷却液温度传感器控制电路

知识拓展

汽车发动机正常起动着火燃烧工作的条件

1. 充足的点火能量和准确的点火正时

点火系统是发动机的重要组成部分,汽油机缸内的混合气是由点火系所产生的高压电火花点燃的。点火系统的作用是将蓄电池或发电机提供的低压电变为高压电,按照发动机的工作顺序和点火时间的要求,适时、准确地将高压电分配给各缸火花塞,使之跳火,点燃可燃混合气。

发动机正常工作对点火系统也有一定的要求:

(1) 能产生足以击穿火花塞间隙的高压电:在点火系统中所产生的强烈电火花应产生于火花塞电极之间,以便于点燃空气—燃油混合气。因为空气存在空气电阻,这个电阻随空气的高度压缩而增大,所以点火系统必须能产生几万伏的高电,以保证产生强烈火花去点燃空气—燃油混合气。

(2) 火花塞产生的电火花应具有足够的能量:一般要求电火花的点火能量为 50～80mJ,起动时应大于 100mJ。

(3) 点火时刻要适当:点火系统必须始终根据发动机的转速和载荷的变化提供正确的点火正时,过早的点火和过迟的点火都不能在活塞顶部形成足够的气体压力。

2. 良好的可燃混合气

发动机工作时,燃料必须和吸进的空气成适当的比例,才能形成可以燃烧的混合气,这就是空燃比。空燃比是混合气中空气与燃料之间的质量比例,一般用每克燃料燃烧时所消耗的空气克数来表示。

每千克燃料完全燃烧所需最合适的空气克数叫作理论空燃比,对于汽油机而言,理论空燃比 $A/F = 14.7$(图 2-40)。

空燃比大于理论值的混合气叫作稀混合气,气多油少,燃烧完全,油耗低,污染小,但功率较小,称为经济空燃比(图 2-41)。

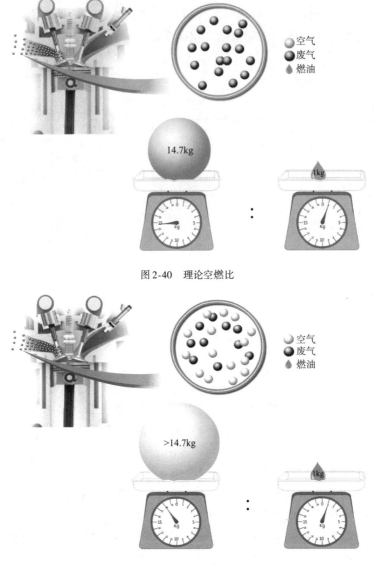

图 2-40　理论空燃比

图 2-41　经济空燃比

空燃比小于理论值的混合气叫作浓混合气,气少油多,功率较大,但燃烧不完全,油耗高,污染大,称为功率空燃比(图 2-42)。

3. 足够的汽缸压力

不论是汽油发动机还是柴油发动机,能保持稳定且适当的压缩比才能使发动机的运转得以平顺和稳定。压缩比的定义就是发动机混合气体被压缩的程度,用压缩前的汽缸总容积与压缩后的汽缸容积(即燃烧室容积)之比来表示(图 2-43)。

当没压缩的空气—燃油混合气被点燃时,燃油和空气的密度低,燃烧速度慢。而当被压缩的空气—燃油混合气被点燃时,密度高,引起混合气突然燃烧(爆发)。即使是同样的燃油混合气,压缩的混合气点燃后会比没压缩的混合气释放出更大的功率。此外,压缩的空气—燃油混合气会使空气与燃油的混合更为彻底,点火时汽油产生更高的汽化率和更高的温度。压缩的空气—燃油混合气比不压缩的更容易燃烧。

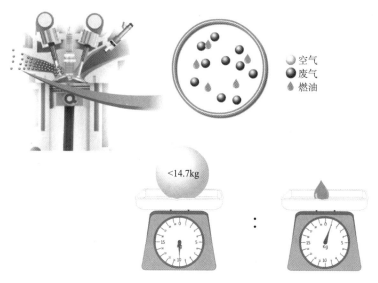

图 2-42 功率空燃比

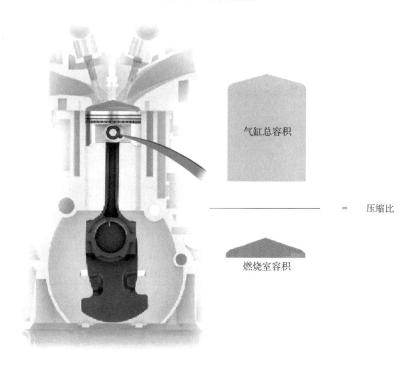

图 2-43 压缩比

通常,压缩压力越高,爆发压力越大。不过,压缩压力太高,就会产生爆燃。因此,汽油发动机的压缩比通常设计在 9~11。

项目实施

一、实施路径

(1) 第一步:曲轴位置传感器检查与更换。
(2) 第二步:凸轮轴位置传感器检修。

(3)第三步:爆震传感器检修。

(4)第四步:氧传感器与三元催化转换器的检查与更换。

(5)第五步:节气门位置传感器的检查。

(6)第六步:冷却液温度传感器的检查。

二、实施方案

(1)课时建议:20 学时(按实际维修工时要求)。

(2)教学环境:一体化教学实训中心。

(3)质量要求:参照厂家的质量标准要求。

(4)组织方式:学生自由组合,每 4~6 位同学为一组。

(5)生产准备,每组配备的工具及设备:

①场地,装有废气抽排系统和消防设施的实训维修车间。

②安全支座、套装常用工具、排气管支架、曲轴皮带轮固定工具。

③轿车、维修作业台等。

(6)实训作业要求

具体要求同项目一,这里不再赘述。

三、实施步骤

第一步　曲轴位置传感器检查与更换

1.操作准备

1)质量要求

参照厂家的质量标准要求。

2)组织方式

每四位同学一组,检修卡罗拉轿车上的曲轴位置传感器,按照企业岗位操作规范进行作业。每组作业时间为 20min。

3)作业准备

(1)技术要求与标准(表2-1)。

曲轴位置传感器检测技术要求与标准　　表2-1

检测内容	端子号	规定状态
曲轴位置传感器电路	B13-1 与 B31-122(NE+)	小于1Ω
	B13-2 与 B31-121(NE-)	小于1Ω
	B13-1 与车身搭铁	10kΩ 或更大
	B13-2 与车身搭铁	10kΩ 或更大

(2)设备器材(图2-44)。

(3)场地设施:拥有消防设施的场地。

(4)设备设施:卡罗拉轿车一辆、汽车电脑故障诊断仪一台、示波器一台、工具车、零件车、标保工具车、垃圾桶等。

(5)耗材:干净抹布、泡沫清洗剂等。

2.操作规范

(1)检查曲轴位置传感器读取故障代码。

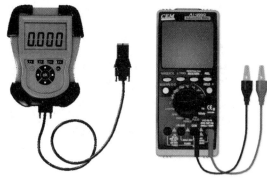 

a)故障诊断仪KT600万用表　　　　　　　　b)常用工具（一套）

图2-44　设备器材

①如图2-45所示，打开故障诊断接口盖，将汽车故障诊断仪连接到诊断接口DLC3上，点火开关置于ON位置，打开诊断仪。

②选择菜单项Powertrain/Engine and ECT/ DTC。

③读取诊断仪上的故障代码。

P0335 曲轴位置传感器"A"电路。

P0339 曲轴位置传感器"A"电路间歇性故障。

若输出除故障代码P0335、P0339以外的故障代码，则排除是曲轴位置传感器异常导致的故障。

图2-45　连接故障诊断仪

（2）读取数据流。

①选择菜单项Powertrain/ Engine and ECT/ Data List /Engine Speed。

②起动发动机，发动机运转时读取诊断仪上的检测值，记录检测值。

若检测值为0，则说明曲轴位置传感器电路可能存在断路或短路。

（3）检测曲轴位置传感器脉冲波形。

①起动发动机，暖机。

②发动机处于怠速运转状态时，打开示波器电源开关，调整示波器量程为5V/格、20ms/格。检测B31-122(NE+)与B31-121(NE-)两端子间的脉冲波形，见图2-46。

③比对正常波形，分析检测波形。

（4）检测曲轴位置传感器电阻（图2-47）。

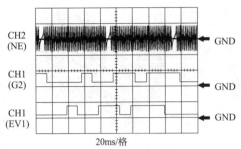

图 2-46 曲轴位置传感器脉冲波形

图 2-47 检测曲轴位置传感器电阻

①断开曲轴位置传感器连接器。

②将万用表旋转至欧姆(Ω)挡,检测曲轴转速传感器线圈电阻。记录检测数据并与表 2-2 中数据进行比对,若检测数据不在规定范围内,则需更换曲轴位置传感器。

检 测 数 据　　　　　　　　　　表 2-2

检测端子	检测条件	规定状态
1 与 2	20℃	1850～2450Ω

(5)检查曲轴位置传感器电路。

①如图 2-48 所示,断开蓄电池负极电缆。

②如图 2-49 所示,分离 ECM(B31)线束连接器。

图 2-48 断开蓄电池负极电缆　　　　　图 2-49 分离 ECM 线束连接器

③如图 2-50 所示,举升车辆,按照举升机操作规范,举升车辆至合适高度,分离曲轴位置传感器连接器。

④如图 2-51、图 2-52 所示,选用数字万用表,将数字万用表旋转开关置于欧姆(Ω)挡。

图 2-50 分离曲轴位置传感器连接器　　　　　图 2-51 连接万用表

· 40 ·

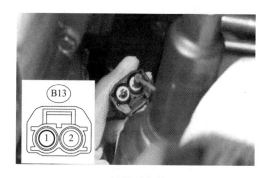
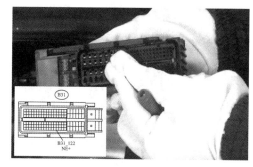
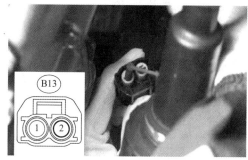
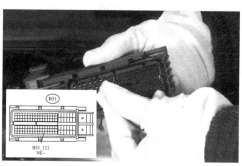

图 2-52 测量电阻值

检测两端子之间电阻，记录检测数据，并将检测数据与表 2-3 中数据进行比对，若检测数据不在规定范围内，则说明曲轴位置传感器与 ECM 之间电路存在断路故障。

检 测 数 据　　　　　　　　　　　　　　　　　表 2-3

检 测 端 子	检 测 条 件	规 定 状 态
B13-1 与 B31-122(NE+)	始终	小于 1Ω
B13-2 与 B31-121(NE-)	始终	小于 1Ω

⑤如图 2-53 所示，选用数字万用表，将数字万用表旋转开关置于欧姆(Ω)挡。分别检测导线与车身两端子之间电阻，记录检测数据。

将检测数据与表 2-4 中数据进行比对，若不在规定范围内，则说明曲轴位置传感器与 ECM 之间电路存在短路故障。

检 测 数 据　　　　　　　　　　　　　　　　　表 2-4

检 测 端 子	检 测 条 件	规 定 状 态
B13-1 与车身搭铁	始终	10kΩ 或更大
B13-2 与车身搭铁	始终	10kΩ 或更大

⑥如图 2-54 所示，重新连接曲轴位置传感器连接器。
⑦如图 2-55 所示降下车辆，重新连接 ECM 连接器。
(6) 检查曲轴位置传感器安装情况。
如图 2-56 所示，检查曲轴位置传感器的安装情况，保证传感器安装正确并且牢固。
(7) 检查曲轴信号盘。
检查曲轴位置传感器信号盘齿有无任何裂纹或变形。若曲轴信号盘出现裂纹或变形情况，则需要更换曲轴位置信号盘。

 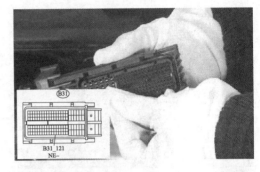

 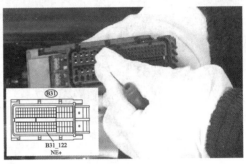

图 2-53　检测导线与车身两端子间电阻

图 2-54　连接曲轴位置传感器连接器　　　　图 2-55　连接 ECM 连接器

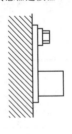 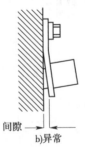

a)正常　　　　b)异常

图 2-56　检查传感器安装情况

第二步　凸轮轴位置传感器检修

1. 操作准备

1)质量要求

参照厂家的质量标准要求。

2)组织方式

每四位同学一组,检修卡罗拉轿车上的凸轮轴位置传感器,按照企业岗位操作规范进行作业。每组作业时间为20min。

3)作业准备

(1)技术要求与标准(表2-5)。

凸轮轴轴位置传感器检测技术要求与标准　　　　　表2-5

检测内容	端子号	规定状态
进气凸轮轴位置传感器	B21-3 与车身搭铁	4.5~5.0V
	B21-1 与 B31-99	小于1Ω
	B21-2 与 B31-98	小于1Ω
	B21-1 与车身搭铁	10kΩ 或更大
	B21-2 与车身搭铁	10kΩ 或更大
排气凸轮轴位置传感器	B20-3 与车身搭铁	4.5~5.0V
	B20-1 与 B31-76	小于1Ω
	B20-2 与 B31-75	小于1Ω
	B20-1 与车身搭铁	10kΩ 或更大
	B20-2 与车身搭铁	10kΩ 或更大

(2)设备器材(图2-57)。

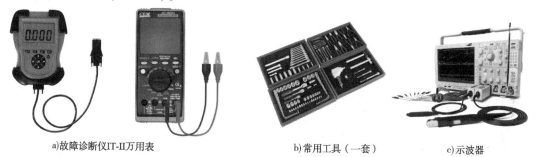

a)故障诊断仪IT-II万用表　　　　b)常用工具(一套)　　　　c)示波器

图2-57　设备器材

(3)场地设施:消防设施的场地。

(4)设备设施:卡罗拉轿车一辆、汽车电脑故障诊断仪一台、示波器一台、工具车、零件车、标保工具车、垃圾桶等。

(5)耗材:干净抹布、泡沫清洗剂等。

2. 操作规范

(1)检测凸轮轴位置传感器,读取故障代码。

①如图2-58所示,打开故障诊断接口盖,将汽车故障诊断仪连接到诊断接口DLC3上,点火开关置于ON位置,打开诊断仪。

②选择菜单项 Powertrain/ Engine and ECT/ DTC。

③读取诊断仪上的故障代码。

P0340:凸轮轴位置传感器电路故障。

P0342:凸轮轴位置传感器"A"电路低输入。

P0343:凸轮轴位置传感器"A"电路高输入。

④若输出除故障代码 P0340、P0342、P0343 以外的故障代码,则先排除凸轮轴位置传感器故障。

(2)检测凸轮轴位置传感器脉冲波形。

①起动发动机,暖机。

②发动机处于怠速运转状态时,打开示波器电源开关,调整示波器量程为 5V/格、10ms/格。检测以下两端子间的脉冲波形:B21-1—B21-2 与 B20-1—B20-2。

③比对正常波形,分析检测波形(图 2-59)。

图 2-58 连接故障诊断仪

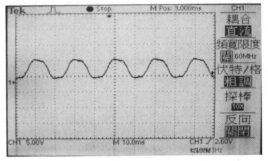

图 2-59 检测凸轮轴位置传感器脉冲波形

(3)检查凸轮轴位置传感器信号电压。

①如图 2-60 所示,按下凸轮轴位置传感器锁舌,分离凸轮轴位置传感器连接器。

②如图 2-61 所示,将点火开关置于 ON 位置,选用数字万用表,将数字万用表旋转开关置于电压(V)挡。检测两端子之间电压,记录检测数据并与表 2-6 中数据进行比对。若检测数据不在规定范围内,则需检查凸轮轴位置传感器电源电路。

图 2-60 分离凸轮轴位置传感器连接器

图 2-61 数字万用表置于电压挡

检 测 数 据　　　　表 2-6

检查内容	检测端子	检测条件	标准状态
进气凸轮轴位置传感器	B21-3 与车身搭铁	点火开关置于 ON	4.5～5.0V
排气凸轮轴位置传感器	B20-3 与车身搭铁		

(4)检查凸轮轴位置传感器线束和连接器。

①断开蓄电池负极电缆。

②如图 2-62 所示,分离 ECM 线束连接器,拉出 ECM 线束连接器。

③选用数字万用表,将数字万用表旋转开关置于欧姆(Ω)挡。检测端子之间电阻,记录检测数据并与表 2-7 中数据进行比对。若检测数据不在规定范围内,则说明凸轮轴位置传感器与 ECM 之间电路存在断路故障。

图 2-62 分离 ECM 线束连接器

检 测 标 准　　　　　　　　表 2-7

检查内容	检测端子	检测条件	标准状态
进气凸轮轴位置传感器	B21-1 与 B31-99	始终	小于 1Ω
	B21-2 与 B31-98		
	B21-3 与 B31-70		
排气凸轮轴位置传感器	B20-1 与 B31-76		
	B20-2 与 B31-75		

检测端子之间电阻,记录检测数据并与表 2-8 中数据进行比对。若检测数据不在规定范围内,则说明凸轮轴位置传感器与 ECM 之间电路存在短路故障。

检 测 标 准　　　　　　　　表 2-8

检查内容	检测端子	检测条件	标准状态
进气凸轮轴位置传感器	B21-1 与车身搭铁	始终	10kΩ 或更大
	B21-2 与车身搭铁		
	B21-3 与车身搭铁		
排气凸轮轴位置传感器	B20-1 与车身搭铁		
	B20-2 与车身搭铁		

④重新连接 ECM 连接器。

⑤重现连接蓄电池负极电缆。

⑥重新连接凸轮轴位置传感器连接器。

(5)检查凸轮轴位置安装情况。

确认凸轮轴位置传感器与装配表面之间是否有间隙,若有,则重新牢固安装凸轮轴位置传感器。

第三步　爆震传感器检修

1.操作准备

1)质量要求

参照厂家的质量标准要求。

2)组织方式

每四位同学一组,检修卡罗拉轿车上的爆震传感器,按照企业岗位操作规范进行作业。每组作业时间为 20min。

3）作业准备

(1) 技术要求与标准（表2-9）。

爆震传感器检测技术要求与标准　　　　　　　　表2-9

检测内容	端子号	条件	规定状态
ECM电压	D1-2 与 D1-1	点火开关ON	4.5～5.5V
爆震传感器电路	D1-2 与 B31-110（KNK1）	始终	小于1Ω
	D1-1 与 B31-111（EKNK）		
	D1-2 或 B31-110 与车身搭铁		10kΩ 或更大
	D1-1 或 B31-111 与车身搭铁		
	B24-4（E2）或 B31-87 与车身搭铁		
	连接器针脚1与2	20℃	120～280kΩ

(2) 设备器材（图2-63）。

(3) 场地设施：拥有消防设施的场地。

(4) 设备设施：卡罗拉轿车一辆、汽车电脑故障诊断仪一台、工具车、零件车、标保工具车、垃圾桶等。

(5) 耗材：干净抹布、泡沫清洗剂等。

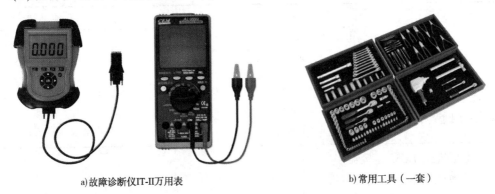

a) 故障诊断仪IT-II万用表　　　　　　　　b) 常用工具（一套）

图2-63　设备器材

2. 操作规范

1) 检测爆震反馈值

(1) 将诊断仪连接到诊断接口DLC3，点火开关置于ON位置，打开诊断仪。

(2) 起动发动机，暖机。

(3) 选择以下菜单：Function/Data List/Knock Feedback Value。

(4) 驾驶车辆时，读取诊断仪上的数据。

查看爆震反馈值是否出现变化，若爆震反馈数据无变化，则说明爆震传感器或爆震传感器电路出现故障。

2) 检测爆震信号波形

(1) 起动发动机，暖机后使发动机转速保持在4000r/min运转。

(2)打开示波器电源开关,调整示波器量程为1V/格、1ms/格。检测B31-110(KNK)与B31-111(EKNK)两端子间的脉冲波形。

(3)如图2-64所示,比对正常波形,分析检测波形。若波形显示不正确,则检查爆震传感器线路。

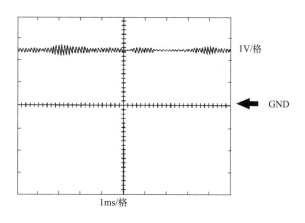

图2-64 爆震信号波形

3)检测ECM电压

(1)分离ECM(B31)线束连接器。

(2)举升车辆到合适操作位置,断开爆震传感器连接器。

(3)如图2-65所示,将万用表旋转开关置于电压(V)挡,检测端子D1-2与端子D1-1之间的电压,记录检测数据。

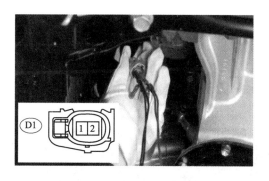

图2-65 检测ECM电压

将检测值与表2-10中标准数据进行比对。若检测值不在规定范围内,则说明爆震传感器电路出现故障,则需检修爆震传感器电路。

检 测 数 据　　　　　　　　表2-10

检查内容	检测端子	检测条件	标准状态
ECM电压	D1-2与D1-1	点火开关置于ON	4.5~5.5V

4)检查爆震传感器与ECM之间电路

如图2-66所示,将万用表置于欧姆(Ω)挡,按表2-11中检测仪连接方式检测两端子之间的电阻,记录检测数据并与标准数据进行比对。

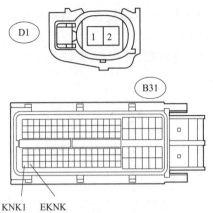

图 2-66 检测爆震传感器电路

标准电阻(断路、短路检查)　　　　　　　　　　　　　　　　表 2-11

检测内容	检测端子	检测条件	标准状态
ECM 电阻	D1-2 与 B31-110（KNK1）	始终	小于 1Ω
	D1-1 与 B31-111（EKNK）		
	D1-2 或 B31-110 与车身搭铁	始终	10kΩ 或更大
	D1-1 或 B31-111 与车身搭铁		
	B24-4 或 B31-87 与车身搭铁		

如果任何两端子间检测数据不在规定范围内,则需要维修或更换爆震传感器线束和连接器。

5）更换爆震传感器

(1) 排净发动机冷却液。

(2) 拆卸汽缸盖罩。

(3) 拆卸空气滤清器盖。

(4) 拆卸节气门体。

(5) 拆卸进气歧管。

(6) 拆卸爆震传感器。

(7) 如图 2-67 所示,将万用表置于欧姆（Ω）挡,检测爆震传感器连接器针脚 1、2 之间的电阻,记录检测数据。

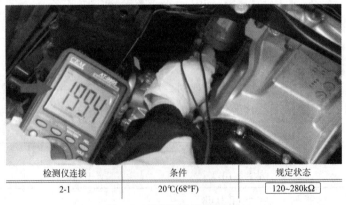

检测仪连接	条件	规定状态
2-1	20℃(68°F)	120~280kΩ

图 2-67 检测爆震传感器电阻

将检测值与表 2-12 中标准数据进行比对,若检测值不在规定范围内,则说明爆震传感器自身存在故障,需要更换爆震传感器。

检 测 数 据 表2-12

检测内容	检测端子	检测条件	标准状态
爆震传感器电阻	连接器针脚1、2	20℃	120~280kΩ

(8) 用螺栓安装爆震传感器,按维修手册规定力矩紧固爆震传感器螺栓,并连接爆震传感器连接器。

(9) 安装进气歧管。

(10) 安装节气门体。

(11) 安装空气滤清器盖。

(12) 安装汽缸盖罩。

(13) 添加发动机冷却液。

(14) 检查冷却液是否泄漏。

(15) 连接 ECM(B31) 线束连接器。

(16) 连接蓄电池负极电缆。

第四步　氧传感器和三元催化转换器的检查与更换

1. 氧传感器检查

(1) 读取氧传感器输出电压。

① 将故障诊断仪连接到汽车的 DLC3 诊断接口。

② 将点火开关置于 ON 位置,起动发动机,并打开故障检测仪。

③ 选择以下菜单项:

Powertrain/Engine and ECT/Data List/A/F Control System/O2S B1 S2。

④ 暖机之后,使发动机以 2500r/min 的转速怠速运转 3min。

⑤ 踩加速踏板,使发动机转速快速提高至 4000r/min,反复操作 3 次,读取氧传感器的输出电压。正常情况下,输出电压值在 0.4V 或更低与 0.55V 或更高范围内波动,否则,氧传感器存在故障。

(2) 检查氧传感器脉冲波形。

① 起动发动机 20~30s,使发动机以 2500r/min 的转速怠速运转 3min。

② 打开示波器电源开关,调整示波器量程为 0.2V/格、200ms/格。检测以下两端子间的脉冲波形:B31-64(OX1B) 与 B31-87(EX1B) 之间。

③ 如图 2-68 所示,对比正常波形,分析检测波形。

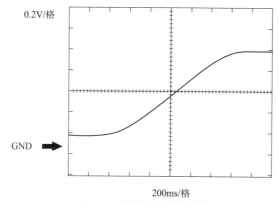

图 2-68　氧传感器脉冲波形

（3）检测氧传感器电源电压。

①举升车辆至操作的合适位置，分离氧传感器线束连接器。

②如图2-69所示，将万用表置于直流电压（V）挡，按表2-13中检测仪连接方式检测两端子之间的电压，记录检测数据。

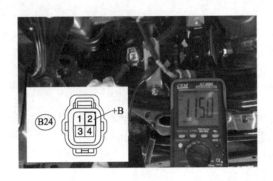

图2-69　检测氧传感器电源电压

③将检测数据与表2-13标准数据进行比对，如果检测数据不在规定范围内，则维修或更换线束连接器。

标　准　数　据　　　　　　　　　　　表2-13

检查内容	检测仪连接	开关状态	标准状态
氧传感器电源电压	B24-2(+B)与车身搭铁	点火开关ON	9~14V

（4）检查氧传感器线束和连接器。

①断开蓄电池负极电缆。

②分离ECM（B31）线束连接器。

③如图2-70所示，将万用表置于欧姆（Ω）挡，按表2-14中检测仪连接方式检测两端子之间的电阻，记录检测数据。

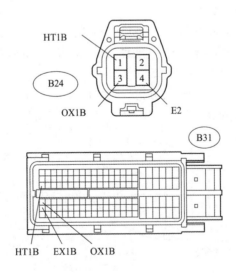

图2-70　连接端子

将检测数据与标准数据进行比对，如果任何两端子间检测数据不在表2-14规定范围内，则需要维修或更换氧传感器线束和连接器。

标准电阻(断路、短路检查)　　　　　　　表 2-14

检测仪连接	开关状态	标准状态
B24-1(HT1B)与 B31-47(HT1B)	始终	小于 1Ω
B24-3(OX1B)与 B31-64(OX1B)		
B24-4(E2)与 B31-87(EX1B)		
B24-1(HT1B)或 B31-47(HT1B)与车身搭铁	始终	10kΩ 或更大
B24-3(OX1B)或 B31-64(OX1B)与车身搭铁		
B24-4(E2)或 B31-87(EX1B)与车身搭铁		

(5)检测氧传感器加热器电阻。

①断开蓄电池负极电缆。

②如图 2-71 所示,将万用表置于欧姆(Ω)挡,检测以下两端子之间的电阻,记录检测数据。

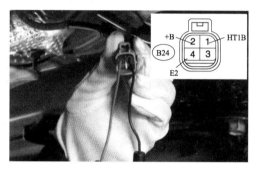

图 2-71　检测氧传感器加热器电阻

将检测数据与表 2-15 标准数据进行比对,如果检测数据不在规定范围内,则需更换氧传感器。

标　准　数　据　　　　　　　表 2-15

检测仪连接	开关状态	标准状态
B24-1(HT1B)与 B24-2(+B)	20℃	11~16Ω
B24-1(HT1B)与 B24-4(E2)	始终	10kΩ 或更大

③连接氧传感器连接器。

④降下车辆,连接 ECM(B31)线束连接器。

⑤连接蓄电池负极端子。

2. 三元催化转换器检查

(1)外观检查。

检查三元催化转换器在行驶中是否受到损伤以及是否过热。

将车辆升起之后,观察三元催化转换器表面是否有凹陷,如有明显的凹痕和刮擦,则说明三元催化转换器的载体可能受到损伤。观察三元催化转换器外壳上是否有严重的褪色斑点或略有呈青色和紫色的痕迹,在三元催化转换器防护罩的中央是否有非常明显的暗灰斑点,如有则说明三元催化转换器曾处于过热状态,需做进一步的检查。

用拳头敲击并晃动三元催化转换器,如果听到有物体移动的声音,则说明其内部催化剂载体破碎,需要更换三元催化转换器。同时,要检查三元催化转换器是否有裂纹、各连接是否牢固、各类导管是否有泄漏,如有则应及时加以处理。此方法简单有效,可快速检查三元催化转换器的机械故障。

(2)背压试验。

在三元催化转换器前端排气管的适当位置上安装一个压力表,起动发动机,在怠速和2500r/min 时,分别测量排气背压,如果排气背压不超过发动机所规定的限值(一般不超过20kPa),则表明催化剂载体没有被阻塞。

如果排气背压超过发动机所规定的限值,则需将三元催化转换器后端的排气系统拆掉,重复以上的试验。如果排气背压仍将超过发动机所规定的限值,说明三元催化转换器阻塞;如果排气背压下降,则说明消声器或三元催化转换器下游的排气系统出现问题,破碎的催化剂载体滞留在下游的排气系统中。

(3)真空试验。

将真空表接到进气歧管,起动发动机,使其从怠速逐渐升至2500r/min,观察真空表的变化,如果这时真空度下降,则保持发动机转速2500r/min 不变,且此后真空度读数若有明显下降,则说明三元催化转换器有阻塞。

三元催化转换器阻塞后,排气不畅,活塞吸气能力下降,进气歧管真空度会发生明显下降。但如果进气歧管真空度下降,并不能完全说明是由三元催化转换器阻塞造成的。发动机供油量减少时,进气歧管的真空度也会下降。因此,与真空试验相比,排气背压试验更能真实反映三元催化转换器的情况。

以上方法只能检查三元催化转换器机械故障,若要检查三元催化转换器性能的好坏,也就是其转化效率的高低,则需要通过以下两种方法来判断。

(4)温度测试法。

三元催化转换器在正常工作状态下,由于氧化反应产生了大量的热,因此可通过温差对比来判断三元催化转换器性能的好坏。

如图2-72 所示,起动发动机,预热至正常工作温度,将发动机转速维持在2500r/min 左右,将车辆举升,用红外线激光温度计测量三元催化转换器进口和出口的温度,需尽量靠近催化转换器(50mm 内)。三元催化转换器出口的温度应至少高于进口温度10%~15%,大多数正常工作的三元催化转换器出口温度会高于进口温度20%~25%。如果车辆在主催化转换器之前还安装了预催化转换器,主催化转换器出口温度应高于进口温度15%~20%,如果出口温度值低于以上的范围,则催化转换器工作不正常,需更换;如果出口温度值超过以上范围,则说明废气中含有异常高浓度的 CO 和 HC,需对发动机本身做进一步的检查。

(5)尾气分析测试法。

如图2-73 所示,用尾气分析仪检测车辆尾气排放,如果 CO/HC 和 NO_x 的含量都高,表明三元催化转换器很可能已经失效。

第五步　节气门位置传感器的检查

1.检测节气门开度

(1)将诊断仪连接到 DLC3,点火开关置于 ON 位置(不起动发动机),打开诊断仪。

(2)选择以下菜单项:

Function/Data List/Throttle Position No.1 and Throttle Position No.2,检查节气门开度。

(3)如图2-74 所示,读取诊断仪上的数据流检测值,记录检测值并与表2-16 的标准数据进行比对,若检测数据不在正常范围内,则需再次读取故障代码,检测故障代码是否再次输出。

图 2-72　红外线测温仪　　　　　　　图 2-73　尾气分析仪

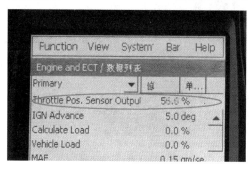

图 2-74　读取数据流

标　准　数　据　　　　　　　　　　　　　　　　　表 2-16

检 测 内 容	完全松开加速踏板	完全踩下加速踏板
1 号节气门位置	0.5～1.1V	3.3～4.9V
2 号节气门位置	2.1～3.1V	4.6～5.0V

2. 检查节气门位置传感器电路

(1)断开蓄电池负极端子,断开 ECM 连接器,断开节气门体连接器。

(2)检查节气门位置传感器与 ECM 之间电路。将万用表置于欧姆(Ω)挡,检测表 2-17 所列两端子之间的电阻,记录检测数据并与标准数据进行比对,若任何两端子间电阻值不在规定范围内,则说明该段电路存在断路或短路故障。

检 测 标 准 数 据　　　　　　　　　　　　　　　　　表 2-17

检测仪连接	开 关 状 态	标 准 状 态
B25-5(VC)与 B31-67(VCTA)	始终	小于1Ω
B25-6(VTA)与 B31-115(VTA1)		
B25-4(VTA2)与 B31-114(VTA2)		
B25-3(E2)与 B31-91(ETA)		
B25-5(VC)与车身搭铁	始终	10kΩ 或更大
B25-6(VTA)与车身搭铁		
B25-4(VTA2)与车身搭铁		

(3)重新连接节气门位置器。

(4)重新连接 ECM 连接器。

(5)重新连接蓄电池负极端子。

3.检测 ECM(VC 电压)

(1)断开节气门体连接器。

(2)将点火开关置于 ON 位置。

(3)如图 2-75 所示,将万用表置于直流电压(V)挡,检测 B25-5(VC)与 B25-3(E2)两端子之间的电压,记录检测数据并与标准数据 4.5~5.5V 进行比对,若检测数据不在规定范围内,则需更换 ECM。

图 2-75　检测 VC 电压

第六步　冷却液温度传感器的检查

1.读取故障代码

(1)打开故障诊断接口盖,将汽车故障诊断仪连接到诊断接口 DLC3 上,点火开关置于 ON 位置,打开诊断仪。

(2)选择菜单项 Powertrain/ Engine and ECT/ DTC。

(3)读取诊断仪上的故障代码。

P0115:发动机冷却液温度电路故障。

P0117:发动机冷却液温度电路低输入。

P0118:发动机冷却液温度电路高输入。

若输出除故障代码 P0115、P0117、P0118 以外的故障代码,则排除是冷却液温度传感器异常导致的故障。

2.读取数据流

(1)如图 2-76 所示,选择菜单项 Powertrain/ Engine and ECT/ Data List /Coolant Temp,检测发动机冷却液温度数据。

(2)读取诊断仪上的检测值,记录检测值并与表 2-18 中标准数据进行比对。

检 测 数 据　　　　　　　　表 2-18

检查内容	检测数据	检测结果
发动机冷却液温度	80~100℃	正常
	-40℃	传感器电路短路
	140℃或更高	传感器电路断路

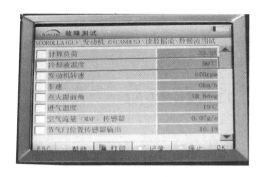

图 2-76　读取冷却液温度数值

3. 检查冷却液温度传感器电路是否断路

(1) 确认发动机冷却液温度传感器连接良好,如图 2-77 所示,按下冷却液温度传感器连接器锁舌,分离冷却液温度传感器连接器。

(2) 如图 2-78 所示,连接线束侧发动机冷却液温度传感器连接器的端子 1 和 2。

图 2-77　检查冷却液温度传感器连接器

图 2-78　冷却液温度传感器的端子 1 和 2

(3) 如图 2-79 所示,使用诊断仪读取发动机冷却液温度数据流。记录检测数据,并与标准数据进行比对。若检测数据不在规定范围内,则需用万用表对电路进行断路检查。

(4) 断开蓄电池负极电缆。

(5) 分离 ECM 线束连接器。

(6) 如图 2-80 所示,选用数字万用表,将数字万用表旋转开关置于欧姆(Ω)挡。检测表 2-19 中所示两端子之间的电阻,记录检测数据,并与数据进行比对。若检测数据不在规定范围内,则说明冷却液温度传感器电路存在断路故障。

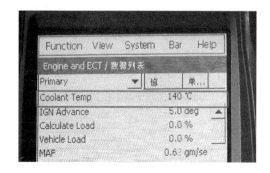

图 2-79　读取冷却液温度数值

图 2-80　检测冷却液温度传感器和 ECM 间的电路

标 准 数 据　　　　　　　　　　　　　　　　表2-19

检测端子	条件	标准状态
B3-2 与 B31-97	始终	小于1Ω
B3-1 与 B31-96	始终	小于1Ω

(7)重新连接发动机冷却液温度传感器连接器。

(8)重新连接 ECM 连接器。

4.检查冷却液温度传感器电路是否短路

(1)断开发动机冷却液温度传感器连接器。

(2)使用诊断仪检测发动机冷却液温度。记录检测数据,并与表2-20中数据进行比对。若检测数据不在规定范围内,则需用万用表对电路进行短路检查。

标 准 数 据　　　　　　　　　　　　　　　　表2-20

检查内容	标准状态
发动机冷却液温度(短路检测)	-40℃

(3)断开 ECM 连接器。

(4)选用数字万用表,将数字万用表旋转开关置于欧姆(Ω)挡。检测表2-21中两端子之间的电阻,记录检测数据并与表中标准数据进行比对。若检测数据不在规定范围内,则说明冷却液温度传感器电路存在短路故障。

标 准 数 据　　　　　　　　　　　　　　　　表2-21

检测端子	条件	标准状态
B3-2 与车身搭铁	始终	10kΩ 或更大
B3-1 与车身搭铁	始终	10kΩ 或更大

(5)重新连接发动机冷却液温度传感器连接器。

(6)重新连接 ECM 连接器。

5.检测冷却液温度传感器电阻

(1)排净发动机冷却液。

(2)拆卸2号汽缸盖罩。

(3)拆卸空气滤清器盖。

(4)拆卸空气滤清器壳。

(5)拆卸发动机冷却液温度传感器。

(6)将拆下的冷却液温度传感器放入加热的水中。

注意事项

在水中检查发动机冷却液温度传感器,不要让水进入端子。

(7)将万用表旋转至欧姆(Ω)挡,检测冷却液温度传感器端子1与2之间的电阻。记录检测数据并与表2-22中数据进行比对,若检测数据不在规定范围内,则需更换冷却液温度传感器。

标 准 数 据　　　　　　　　　　　　　　　　表2-22

检查端子	检测条件	标准状态
1—2	20℃	2.32~2.59kΩ
	80℃	0.310~0.326kΩ

(8)安装发动机冷却液温度传感器。
(9)安装空气滤清器壳。
(10)安装空气滤清器盖。
(11)安装2号汽缸盖罩。
(12)添加发动机冷却液。

学习小结

一、曲轴位置传感器

曲轴位置传感器安装在曲轴的前部、中部或飞轮上,是控制点火时刻、确认曲轴位置不可或缺的信号源。曲轴位置传感器的作用是采集曲轴转动角度信号、曲轴位置信号和发动机转速信号,并将这些信号输入 ECU,ECU 用此信号控制燃油喷射量、喷油正时、点火时刻（点火提前角）、点火线圈通电时间、怠速转速及电动汽油泵的运行等。最常用的曲轴位置传感器有磁感应式曲轴位置传感器和霍尔式曲轴位置传感器。

检测曲轴位置传感器应按如下步骤进行：
(1)读取故障码。
(2)读取数据流。
(3)检测曲轴位置传感器脉冲波形。
(4)检测曲轴位置传感器电阻。
(5)检查曲轴位置传感器电路。

二、凸轮轴位置传感器

凸轮轴位置传感器是用来检测凸轮轴位置的一个信号装置,一般安装在凸轮轴罩盖前端对着进排气凸轮轴前端的位置。凸轮轴位置传感器的功用是采集凸轮轴位置信号,并将信号输入 ECU。采集到的信号是发动机 ECU 的判缸信号,用来确定哪个汽缸处于压缩状态。凸轮轴位置传感器可分为三种,其中常用的是霍尔式凸轮轴位置传感器。

检测凸轮轴位置传感器应按如下步骤进行：
(1)读取故障代码。
(2)检测凸轮轴位置传感器脉冲波形。
(3)检查凸轮轴位置传感器电路。

三、爆震传感器

爆震传感器安装在发动机缸体上,它通过检测发动机缸体的振动,判断有无爆震发生及爆震强度,其目的是提高发动机动力性能的同时不产生爆震。

当发动机产生爆震时,爆震传感器的壳体与振动板之间产生相对运动,压电陶瓷所受的压力发生变化,压电效应将振动转化为电压信号输入 ECU,ECU 根据输入信号判断发动机有无爆震及爆震的强度。

爆震传感器可以分为磁致伸缩式爆震传感器、共振型爆震传感器和非共振型爆震传感器三种。

检测爆震传感器应按如下步骤进行：

(1)检测爆震反馈值。
(2)检测爆震信号波形。
(3)检测 ECM 电压。
(4)检查爆震传感器与 ECM 之间电路。
(5)检查爆震传感器电阻。

四、氧传感器

氧传感器用来检测废气中氧的浓度并转换为电信号,将此信号反馈给 ECU,ECU 据此判断可燃混合气的浓度,调节喷油量。常见的氧传感器有加热型氧化锆式氧传感器和加热型氧化钛式氧传感器。

氧化锆式氧传感器主要由锆管、内电极、外电极、加热元件、陶瓷管、连接器等组成。其中,加热元件采用热敏电阻,其上绕有钨丝并引出两个电极直接与汽车电源(12~14V)相通,用于对锆管进行加热,使氧化锆式氧传感器迅速到达工作温度而投入工作。

氧化钛式氧传感器主要由二氧化钛元件、加热元件、通气孔、陶瓷管、连接器等组成,其中加热元件同样采用热敏电阻,其上绕有钨丝并引出两个电极直接与汽车电源(12~14V)相通,用于对二氧化钛进行加热,使氧化钛式氧传感器迅速到达工作温度而投入工作。

氧传感器的检测应包含以下步骤:
(1)读取氧传感器输出电压。
(2)检查氧传感器脉冲波形。
(3)检测氧传感器电源电压。
(4)检查加热型氧传感器线束和连接器。
(5)检测加热型氧传感器加热器电阻。

五、三元催化转换器

三元催化转换器(TWC)是安装在汽车排放控制系统中最重要的机外净化装置,主要由外壳、金属网、陶瓷块、整流器等组成。三元催化转换器可以将有害物质转换为无害物质,其转换过程中化学反应主要有氧化反应和还原反应两种。

三元催化转换器的检测可以有以下几种方法:
(1)外观检查。
(2)背压试验。
(3)真空试验。
(4)温度测试法。
(5)尾气分析测试法。

六、节气门位置传感器

(1)节气门位置传感器的组成。
(2)检测节气门位置传感器。

七、冷却液温度传感器

(1)冷却液温度传感器功用。

汽车发动机冷却液温度传感器主要用来检测冷却液温度,并向 ECU 输送对应的电压信号,ECU 根据电压信号的变化,对基本喷油量、点火提前角、怠速、尾气排放等控制进行修正。

(2)冷却液温度传感器安装位置及组成。

冷却液温度传感器安装在发动机缸体的水套上,与冷却液接触,其主要由热敏元件、连接器、接线护管、壳体等组成。其中,热敏元件为负温度系数热敏电阻,冷却液温度越高,电阻越低。

(3)检测冷却液温度传感器操作步骤。

①读取故障代码与数据流。

②检查冷却液温度传感器电路是否断路或短路。

③检测冷却液温度传感器电阻。

项目评价

考评项目		自我评价	小组互评	教师评价
素质考评(20分)	劳动纪律(4分)			
	安全意识(4分)			
	环保意识(4分)			
	团队精神(4分)			
	协作能力(4分)			
技能考评(80分)	工量具使用(10分)			
	任务方案(15分)			
	实施过程(30分)			
	完成结果(15分)			
	工单填写(10分)			
合计(100分)				
综合评价(100分)				

学生签字:_____ 组长签字:_____ 教师签字:_____

项目三　喷油器不喷油的检查与更换

项目导入

一辆行驶里程123000km的汽车,车主反映车辆在正常行驶时车辆突然无法加速,如果猛踩加速踏板发动机就会熄火,但在空挡时起动正常,加速也很顺畅。初步确定为燃油供给系统不工作,需要检查更换发动机燃油供给系统相关零部件,如图3-1所示。

图3-1　燃油供给系统

学习目标

一、知识目标

(1)能描述发动机燃油供给系统的功用、组成、工作原理等。
(2)能描述燃油供给系统的拆装步骤、检查项目及方法。

二、技能目标

会使用燃油供给系统工具进行检测或拆装燃油供给系统。

知识准备

一、燃油系统组成及功能

燃油供给系统的功能是向汽缸供给燃烧时所需的燃油量。燃油供给系统由燃油箱、电动燃油泵、输油管、燃油滤清器、燃油压力调节器、燃油分配管、喷油器和回油管等组成,如图3-2所示。

发动机工作时,电动汽油泵将汽油从油箱里泵出,经汽油滤清器除去杂质及水分后通过进油管进入燃油分配管,分配到各缸喷油器。进入发动机汽缸的燃油流过的路径为:汽油箱→汽油泵→输油管→汽油滤清器→燃油分配管→喷油器→进气门附近(缸外喷射系统)。当喷油器接收到电控单元 ECU 发出的喷油指令时,电磁线圈通电开始喷油,并与空气供给系统提供的空气混合形成雾化良好的可燃混合气。当进气门打开时,混合气被吸入汽缸燃烧做功。

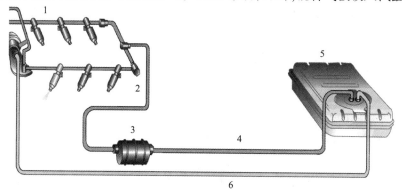

图 3-2 燃油供给系统组成
1-燃油分配管;2-喷油器;3-燃油滤清器;4-进油管;5-燃油箱;6-回油管

当汽油泵泵入供油系统的燃油增多或油路中的油压升高时,油压调节器将自动调节燃油压力,保证供给喷油器的油压基本不变。供油系统过剩的燃油由回油管流回油箱,回油路径为:油箱→汽油泵→输油管→汽油滤清器→燃油分配管→油压调节器→回油管→油箱,如图 3-3 所示。

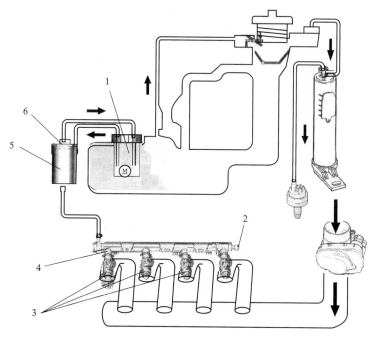

图 3-3 汽油循环路径
-电动燃油泵;2-排气阀;3-喷油器;4-燃油分配管;5-燃油滤清器;6-燃油压力调节器

知识拓展

例如:在 POLO 轿车发动机中,采用的是无回流的燃油系统,去掉了燃油分配管到油箱的回油管,燃油压力调节器与燃油滤清器安装在一起,调节器调节油压保持在 3bar❶。燃油

---

❶ $1\text{bar} = 10^5\text{Pa}$。

由电动燃油泵输送到燃油滤清器,再从该处流向燃油分配管和喷油器,多余的燃油由滤清器处流回油箱。

在无回流的燃油系统中,燃油分配管上有一个排气阀,系统进入空气之后,排气阀必须进行排气。

二、发动机燃油控制系统各部件结构与工作原理

1. 电动燃油泵

(1)电动燃油泵的功用、结构。

电动燃油泵的作用是把燃油从燃油箱中吸出并加压后输送到供油管中,电动燃油泵和燃油压力调节器配合建立一定的燃油压力。

电动燃油泵主要由永磁式电动机、壳体、上下端盖、涡轮等组成,如图3-4所示,涡轮式电动燃油泵通常装在油箱内,浸在燃油中。

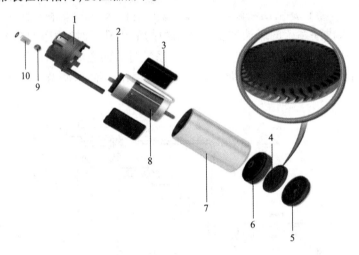

图3-4 涡轮式电动燃油泵结构

1-上端盖;2-换向器;3-永久磁铁;4-涡轮;5-下端盖;6-轴承座;7-壳体;8-转子;9-钢球;10-弹簧

(2)电动燃油泵的分类。

①按燃油泵的安装位置分类。

a. 外装式:电动燃油泵安装在油箱外低于油箱的位置,在大排量汽车上常作为第二级增压泵。

b. 内装式:电动燃油泵安装在油箱内,浸没在燃油中,现已被广泛采用。

②按燃油泵的结构分类。

泵体是电动燃油泵泵油的主体,根据其结构的不同大致可以分为三种不同的类型,分别是涡轮式、滚柱式和齿轮式,如图3-5所示。现代汽车几乎全部采用齿轮式或涡轮式电动燃油泵。

电动燃油泵工作时,永磁电动机通电带动泵体旋转,将汽油从进油口吸入,汽油经电动燃油泵内部,再从出油口压出,给燃油系统供油。电动燃油泵的转速和泵油量由外加电压决定,通常情况下为恒定值。

a. 在电动燃油泵的出油口处设有一个单向阀,可以在发动机熄火后,防止燃油倒流,以保持燃油供给系统有一定的残余压力,便于下次起动。

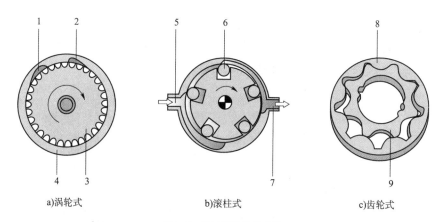

图3-5 燃油泵的结构分类
1-出油口;2-进油口;3-涡轮;4-壳体;5-进油口;6-滚柱;7-出油口;8-外齿轮;9-内齿轮

b. 在电动燃油泵进油腔和出油腔之间设有一个安全阀,用于限制系统的最高油压,当油压达到一定值时,安全阀打开卸压,以防止油路发生堵塞等意外情况时管路压力过高、油泵负荷过大而烧坏油泵。

c. 在电动燃油泵的进油口处安装有一个滤网,可防止杂质进入燃油泵造成卡死或密封不良。

(3)电动燃油泵的工作原理。

电动燃油泵的工作原理如图3-6所示(以涡轮泵为例):涡轮旋转时,涡轮内的汽油随同一起高速旋转,出油口处的油压增高、进油口处的油压降低,从而使汽油从进油口吸入,从出油口流出进入燃油系统;当燃油泵关闭时,出油口的单向阀关闭,防止燃油通过燃油泵流回油箱。

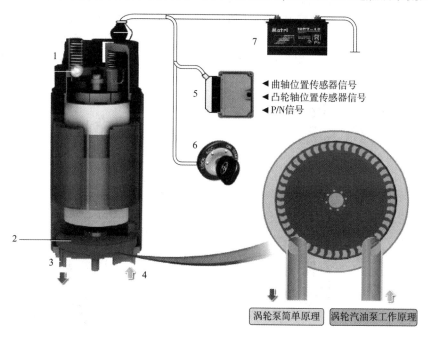

图3-6 电动燃油泵的工作原理
1-限压阀;2-涡轮;3-出油口;4-进油口;5-ECU;6-点火开关;7-蓄电池

2. 喷油器

(1)喷油器的功用与结构。

喷油器的功用是根据发动机ECU的喷油脉冲信号,将一定量的燃油以雾状喷入进气管内,使燃油与空气混合形成可燃混合气,如图3-7所示。

以卡罗拉轿车的喷油器为例,其结构主要包括电磁线圈、衔铁、复位弹簧、针阀、密封圈等,如图3-8所示。安装于各缸进气歧管末端,对准进气门喷油。

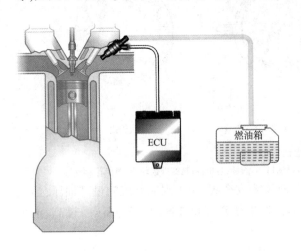

图3-7 喷油器功用

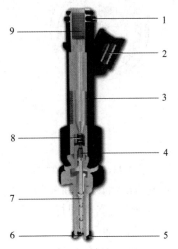

图3-8 喷油器结构

1-密封圈;2-连接器;3-电磁线圈;4-衔铁;5-密封圈;6-喷口;7-针阀;8-复位弹簧;9-进油滤网

在喷油器阀体与进气歧管的接合处有一O形密封圈,起密封和隔热作用,以防燃油蒸发成气泡。在喷油器阀体与燃油分配管的结合处也有一O形密封圈,起密封作用。

喷油器是加工精度很高的精密器件,同时要求它具有良好的动态流量稳定性、抗堵塞能力、抗污染能力以及喷油雾化性能。喷油器按喷油口结构可分为孔式喷油器和轴针式喷油器两种类型,它们的主要区别在于前者喷油口是喷孔,而后者是轴针,其他结构相同,如图3-9所示。

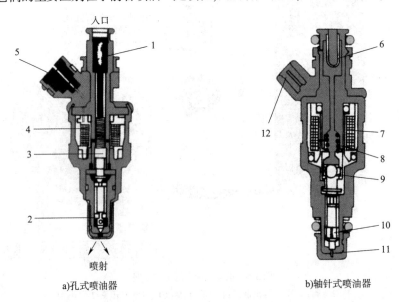

图3-9 喷油器类型

1-进油滤网;2-针阀;3-衔铁;4-电磁线圈;5-线束连接器;6-进油滤网;7-电磁线圈;8-复位弹簧;9-衔铁;10-针阀;11-轴针;12-线束连接器

(2)喷油器的工作原理。

喷油器喷油量取决于三个因素:喷油孔截面的大小、喷油压力和喷油持续时间。对于一定型号的喷油器来讲,喷油孔截面的大小是固定不变的,而喷油压力则由燃油压力调节器调节为定值。因此,喷油量只取决于喷油持续时间,即取决于喷油器电磁线圈的通电脉冲宽度。

电磁线圈通电时,产生电磁力,吸动衔铁上移,带动针阀升起,阀门打开燃油喷出;电磁线圈断电时,电磁力消失,针阀被弹簧压紧在阀座上,停止喷油,如图3-10所示。针阀的升程约为0.1mm,喷油持续时间为2～10ms。

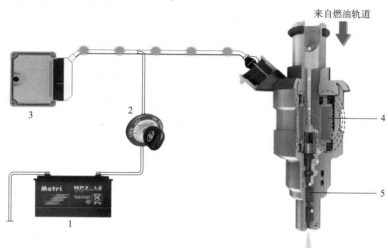

图3-10　电磁喷油器工作原理
1-蓄电池;2-点火开关;3-ECU;4-电磁线圈;5-针阀

3.燃油压力调节器

(1)燃油压力调节器结构与功用。

燃油压力调节器安装于燃油分配管上或燃油箱内,卡罗拉轿车的燃油压力调节器置于燃油箱内,大众桑塔纳轿车的则安装在燃油分配管上。燃油压力调节器主要由上盖、膜片、阀体、大弹簧和小弹簧等组成,如图3-11所示。

图3-11　燃油压力调节器结构
1-大弹簧;2-膜片;3-下盖;4-密封圈;5-回油管口;6-阀体;7-小弹簧;8-上盖

燃油压力调节器的功用是使燃油供给系统的燃油压力与进气歧管的压力之差保持恒定,如图3-12所示。

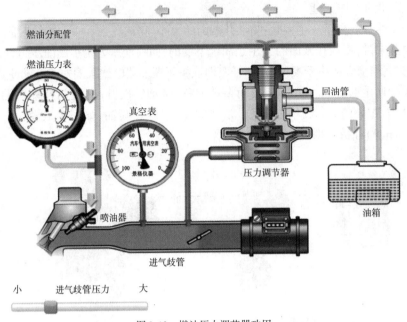

图 3-12 燃油压力调节器功用

(2)燃油压力调节器工作原理。

发动机 ECU 对喷油量的控制是通过控制喷油器电磁线圈通电时间的长短来实现的。为保证 ECU 对喷油量的精确控制,就必须保证燃油系统的绝对油压与喷油器喷油口处的进气歧管的空气压力之差保持恒定。

当进气歧管的压力减小时(发动机负荷减小),压力油克服弹簧力使膜片下移,回油阀门开启,汽油流回油箱,供油系统内压力下降;当进气歧管的压力增加时(发动机负荷增大),弹簧弹力使膜片上移,回油阀门变小或关闭,回油量变小或终止,供油系统内压力上升,如图 3-13 所示。如此反复,使两者的压差始终保持恒定,从而达到 ECU 对喷油的精确控制。

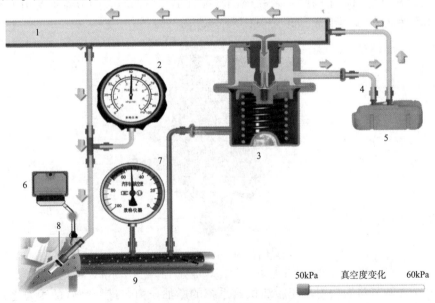

图 3-13 燃油压力调节器工作原理

1-燃油分配管;2-燃油压力表;3-汽油压力调节器;4-回油管;5-油箱;6-ECU;7-真空表;8-喷油器;9-进气歧管

知识拓展

例如：POLO轿车发动机采用带燃油压力调节器的燃油滤清器，燃油滤清器位于油箱的右侧，燃油压力调节器嵌在燃油滤清器上并用一个固定夹固定，通过该调节器的调节可将燃油系统中的燃油压力保持在3bar，如图3-14所示。

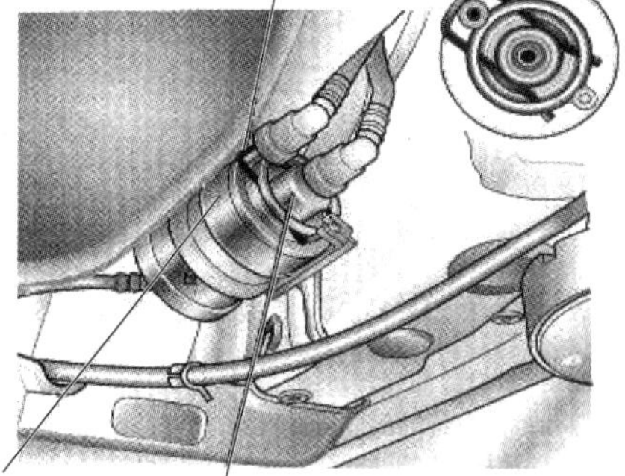

电动燃油泵将燃油输送到燃油滤清器腔中，燃油将在该处被滤清并流到燃油分配管中，进而流到喷油器。

3bar的燃油压力由燃油压力调节器中的一个弹簧加载的膜片阀打开通往燃油箱的回路。

图3-14 POLO轿车燃油压力调节器

4．燃油分配管

燃油分配管用于分配燃油和储存燃油，采用钢或铝材料制造。燃油分配管上装有喷油器，在这里燃油被均匀地分配到各个喷油器。在有回油管的系统中还有压力调节器，如图3-15所示。有些燃油分配管上装置一个排气阀，用于排除系统中存在的空气。

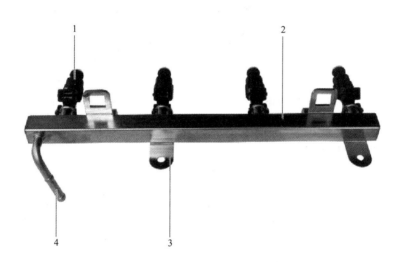

图3-15 燃油分配管
1-喷油器；2-燃油分配管；3-固定支架；4-进油管

5．燃油滤清器

(1)燃油滤清器功用及结构。

燃油滤清器的作用是滤除燃油中的粉尘、铁锈等杂物，防止燃油系统堵塞，向发动机供给清洁的燃油。

燃油滤清器通常安装在燃油箱内或者燃油泵至油轨之间的供油管路上，以卡罗拉轿车为例，其燃油滤清器就安装在燃油箱内，而桑塔纳轿车的燃油滤清器则安装在燃油箱外的供油管路上。电控燃油供给系统中所使用的燃油滤清器主要由外壳和滤芯组成，外壳多为铁质或铝制外壳;滤芯多为纸质滤芯,可以滤去直径大于0.01mm的杂质,如图3-16所示。

燃油滤清器是耗材,在车辆的使用过程中,需要定期更换或维护。

(2)燃油滤清器工作原理。

发动机工作时,燃油从滤清器的进口进入滤芯外围,杂质在流经滤芯时被吸附在滤纸上,过滤后的纯净燃油最终从滤清器出口流向发动机,如图3-17所示。如果滤清器阻塞,将使燃油管路中的油压降低、输油量减少,导致发动机不能正常工作。因此,燃油滤清器应按照规定周期进行更换。

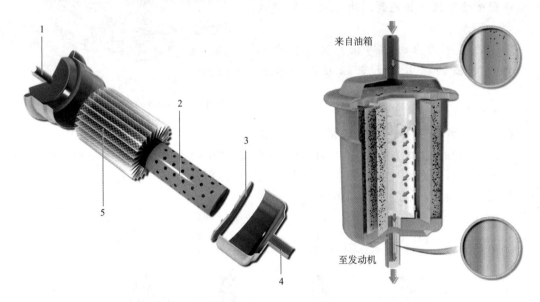

图3-16 燃油滤清器结构
1-进油管;2-内孔管;3-座圈;4-出油管;5-滤芯

图3-17 燃油滤清器工作原理

三、燃油供给系统控制电路

1. 燃油泵控制

当燃油供给开关打开后,ECU将控制燃油泵工作2~3s,以建立必需的油压,此时若不起动发动机,ECU将切断燃油泵控制电路,燃油泵停止工作。在发动机起动和运转过程中,ECU控制燃油泵保持正常运转。燃油泵控制电路,如图3-18所示。

油泵继电器J17是油泵控制的重要电器元件,油泵继电器是燃油泵、喷油器、空气流量计、二次空气泵、气门正时电磁阀、增压内循环电磁阀、增压压力放气阀、氧传感器加热、炭罐电磁阀的电源。

由于POLO轿车的燃油系统采用短回路燃油系统,在起动时油压建立时间较长,因此增加油泵预工作继电器J643,当驾驶员车门开启后,继电器工作使油泵工作使油泵产生油压,以便于顺利起动发动机,控制电路如图3-19所示。

2. 燃油蒸发控制

燃油蒸发控制系统由燃油箱、蒸气分离阀、活性炭罐、活性炭罐电磁阀、ECU及相应的蒸气管道和真空软管组成,如图3-20所示。

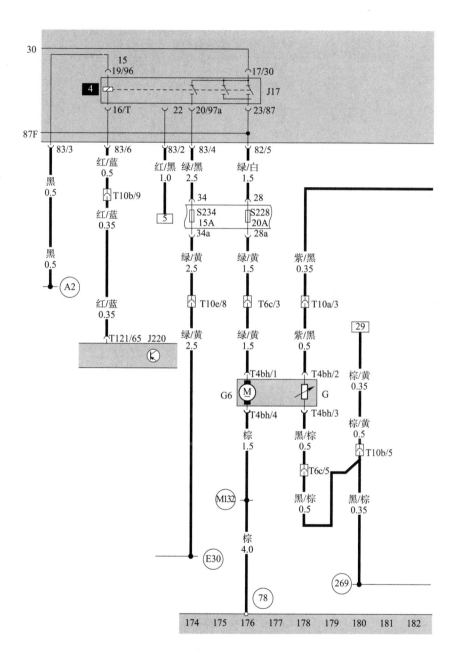

图 3-18

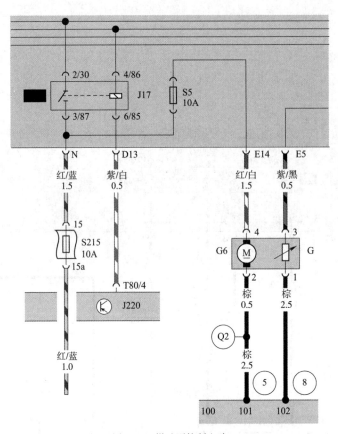

图 3-18 燃油泵控制电路

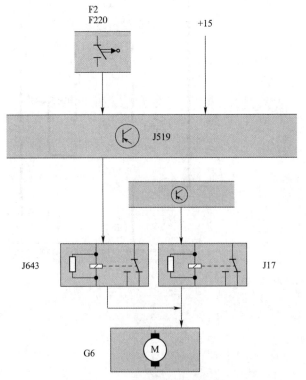

图 3-19 POLO 燃油泵控制系统

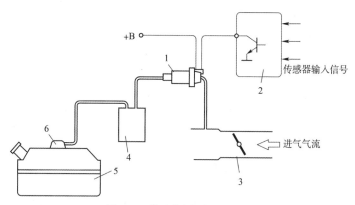

图 3-20 燃油蒸发控制系统组成
1-活性炭罐电磁阀;2-ECU;3-节气门;4-活性炭罐;5-燃油箱;6-油气分离阀

燃油蒸发工作过程,如图 3-21 所示。活性炭罐内充满了活性炭颗粒,活性炭能吸附燃油蒸气,同时起到油箱释压的作用。为了保证炭罐内的活性炭的再生,在炭罐内还有一根空气进气管和空气相通。发动机运行时会在进气歧管内产生真空度,形成吸气气流,新鲜空气从活性炭罐底部进入活性炭罐再进入进气歧管时,气流将带走吸附在活性炭上的燃油蒸气,并将它们带到发动机烧掉。在连接炭罐和进气歧管之间的管子上有一个炭罐电磁阀,该电磁阀用于控制清洗炭罐阀的气流。根据发动机不同工况,电子控制单元改变输送给电磁线圈脉冲信号的占空比,从而改变阀的开度。炭罐电磁阀线圈电阻正常约 20Ω,过大或过小则可能有内部断路或短路。

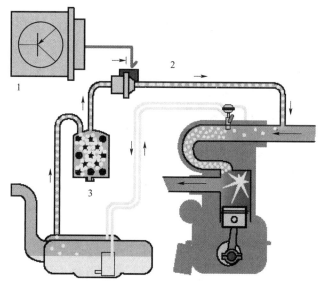

图 3-21 燃油蒸气回收装置工作过程
1-ECU;2-活性炭罐电磁阀;3-活性炭罐

分离阀安装在油箱的顶部,作用是防止汽车倾翻时,油箱内的燃油从蒸气管道中漏出。

在发动机停机或急速运转时,ECU 使电磁阀关闭,从油箱中逸出的燃油蒸气被蒸气回收罐的活性炭吸收。当发动机以中、高速运转时,ECU 使电磁阀开启,储存在蒸气回收罐内的汽油蒸气经过真空软管后被吸入发动机。此时,因为发动机的进气量较大,少量的燃油蒸气不会影响混合气的成分,同时 ECU 会根据氧传感器的反馈对喷油进行微量调整。为了防止未燃的燃油蒸气进入三元催化转换器,当出现节气门全开而燃油供应须切断(飞车断油)的时候,炭罐吸气阀必须立即关闭。

ECU 使控制电磁阀通电的条件和车型有关,一般为:

(1) ECU 进入闭环控制 150s 以后。

(2) 冷却液温度高于 80℃。

(3) 节气门位置传感器的怠速触点是断开的。

(4) 车速≥32km/h。

(5) 发动机转速≥1100r/min。

(6) 发动机冷却液温度未超过设定值。

(7) 冷却液液面正常。

(8) ECU 不能关闭喷油器(例如,为防止驱动轮滑转而进行附着力控制时)。

只有上述条件同时满足,ECU 才会将炭罐控制电磁线圈通电,否则燃油蒸气会被储存在炭罐中。

 项目实施

一、实施路径

(1) 第一步:汽油喷射系统的主要元件的拆装。

(2) 第二步:汽油喷射系统的性能检测。

二、实施方案

(1) 课时建议:24 学时(按实际维修工时要求)。

(2) 教学环境:理实一体化教学实训中心。

(3) 质量要求:参照厂家的质量标准要求。

(4) 组织方式:学生自由组合,每 4~6 位同学为一组。

(5) 生产准备:每组配备的工具及设备。

①场地,装有废气抽排系统和消防设施的实训维修车间。

②举升机,安全支座,套装常用工具、专用工具。

③轿车、维修作业台等。

④仪器:万用表、自制发光二极管试灯等。

⑤耗材:清洁布等。

(6) 实训作业要求。

具体要求同项目一,这里不再赘述。

三、实施步骤

第一步 汽油喷射系统的主要元件的拆装

1. 汽油箱的拆卸和安装

(1) 在燃油供给开关断开的情况下,拔下蓄电池的搭铁线。

(2) 使用专用设备抽取汽油箱内的汽油。

(3) 旋下位于行李舱内地毯下的汽油箱密封凸缘。

(4) 拔下导线插头 4 上的导线,如图 3-22 所示。

(5)打开加油口盖板,撬出环绕在加油管颈部的橡胶件的夹环。
(6)将橡胶件推入。
(7)旋下车底部的加油管的固定螺栓。
(8)拔下位于车辆底部的输油管。
(9)将发动机(及变速器)托架放置在汽油箱下。
(10)松开汽油箱夹带。
(11)放下汽油箱。

2.汽油泵的拆卸与安装
1)汽油泵的拆卸
(1)在燃油供给开关切断的情况下,拔下蓄电池搭铁线。
(2)拆下位于行李舱内地毯下的汽油箱密封凸缘的盖板。
(3)从密封凸缘上拔下进油管、回油管和通气管,再拔下3个端子的导线接头。
(4)用专用工具旋下大螺母。
(5)从汽油箱开口处拉出密封凸缘和橡胶密封件。

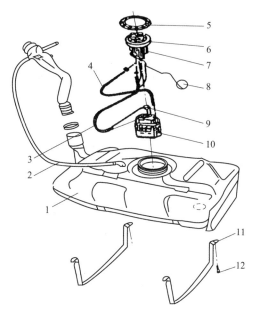

图3-22 汽车箱结构图
1-汽油箱;2-加注汽油透气管;3-回油管(来自汽油分配器);4-进油管(接到汽油分配器);5-塑料紧固螺母;6-透气管(连接到活性炭罐);7-密封凸缘;8-浮子(用于汽油表传感器);9-导线;10-汽油泵总成;11-汽油箱夹带;12-夹带螺栓

(6)拔下密封凸缘内的汽油表导线插头。
(7)将专用工具插入到汽油箱内汽油泵壳体的三个拆装缺口内,旋松汽油泵。
(8)从汽油箱中拉出汽油泵。

2)汽油泵的安装
(1)将汽油泵同密封凸缘下引出的输油管和回油管以及汽油泵接头插入到汽油泵上,并保证软管接头连接紧固。
(2)将汽油泵插入到汽油箱内。
(3)用专用工具将汽油泵拧紧在汽油箱底部的固定位置上。
(4)在汽油箱开口上安装好密封圈,安装密封圈时用汽油将密封圈润湿。
(5)将密封凸缘连同浮子和汽油传感器插入到汽油箱开口并压到底。
(6)注意密封凸缘的安装位置,密封凸缘上的箭头必须对准汽油箱上的箭头。
(7)用专用工具拧紧大螺母。
(8)接上密封凸缘上部的输油管和回油管以及3个端子的导线插头。

3.汽油滤清器的拆卸
(1)松开车辆底部汽油滤清器托架紧固螺栓,取下汽油滤清器托架。
(2)松开夹箍,拔下汽油滤清器的油管,使用一块抹布防止剩余的汽油滴落。
(3)取下汽油滤清器。安装上新的汽油滤清器时,应注意汽油滤清器上箭头应该指向汽油的流向。

第二步 汽油喷射系统的性能检测

在检修汽油供给系统时,应先目视各有关插接器有无脱落、熔断丝有无烧断、管路有无泄漏等现象。切不可轻易大拆大卸,那样可能会造成新的故障。

1. 检修注意事项与维修技术参数

1)检修注意事项

(1)在发动机运转或用起动机带动发动机运转时,不要去触碰或拔下高压线。

(2)拆装汽油喷射和燃油供给系连接线以及蓄电池时,必须关闭点火开关,否则可能损坏发动机 ECU。

(3)采用的万用表内阻应当不小于 $10k\Omega/V$,这是为了防止万用表的电压损坏电子元件。测试前,应按规定选好量程。

(4)用起动机带动发动机运转(如进行汽缸压缩试验)时,应拔下燃油供给线圈输出极插头和喷油器插头。试验结束后,用 V.A.G1552 查询故障。

(5)保持零件的清洁。当汽油喷射系统拆开后,不要用压缩空气吹,也不要移动车辆。

2)维修技术参数

汽油供给系统的维修技术参数,如表3-1所示。

维修技术参数表　　　　　　　表3-1

发动机代号		AJR
怠速转速(不能调整)		$(800\pm30)r/min$
断油(最高)转速		6400r/min
怠速时汽油供给系统压力	连接油压调节器真空管	$(250\pm20)kPa$
	取下油压调节器真空管	$(300\pm20)kPa$
熄火10min后汽油系统保持压力		大于150kPa
喷油器电阻值(正常油压下,每分钟漏油不应多于2滴)	喷油器形式	4孔喷油器
	30s喷油量	78~85mL
	室温时电阻	13~18Ω
	发动机工作温度时电阻会增加4~6Ω	

2. 测量汽油供给系统压力和保持压力

1)测量汽油供给系统压力和保持压力的测试条件

汽油泵继电器正常、汽油泵工作正常、汽油滤清器正常、蓄电池电压正常。

2)汽油供给系统的压力和保持压力的测量

(1)将压力表安装在汽油分配管的供油管上,打开汽油压力表开关,起动发动机怠速运转。系统压力标准为:怠速时拔下真空管为$(300\pm20)kPa$;不拔真空管为$(250\pm20)kPa$。

(2)接上真空管,踩一下加速踏板,汽油压力表指针应在280~300kPa间跳动。

(3)关闭燃油供给开关,10min后,汽油保持压力应大于150kPa。

(4)如果汽油保持压力小于150kPa,起动发动机,怠速运转。当汽油压力建立起来后,关闭燃油供给开关,同时关闭汽油压力表开关,继续观察压力表指针是否会下降。

(5)系统油压不足原因:

①管接头或管子渗漏。

②汽油滤清器过脏。

③汽油泵不良或蓄电池电压不足。

④汽油压力调节器损坏。

(6)系统油压过高原因:汽油压力调节器损坏。

3. 检查汽油泵性能状况

1)汽油泵工作状况的测试

测试汽油泵工作状况时,应保证蓄电池电压正常,汽油泵熔断丝正常,汽油滤清器正常。

(1)接通燃油供给开关。应该能够听到汽油泵起动的声音。

(2)如果汽油泵没有起动,应关闭燃油供给开关,从中央线路板上拔下汽油泵继电器,使用接头导线V.A.G1348/5-2将遥控器V.A.G1348/3A接到汽油泵继电器的触点和蓄电池正极端子上,起动发动机。如果汽油泵工作,应检查汽油泵继电器。

(3)汽油泵继电器(J17)在中央电器继电器板2号位,如图3-23所示。汽油泵继电器熔断丝在熔断丝盒5号位,S5 = 10A。汽油泵继电器控制着汽油泵、喷油器、空气质量计、活性炭罐电磁阀和加热氧传感器的电压供应。检查前应确保蓄电池电压正常,汽油泵继电器熔断丝正常。用测试线短接测试盒上端子2和4,接通燃油供给开关,汽油泵继电器必须有动作声,否则检查汽油泵继电器线路,如果线路正常,更换汽油泵继电器。

2)测量汽油泵供油量

测试汽油泵供油量时,应保证蓄电池电压正常,汽油泵熔断丝正常和汽油滤清器工作正常。

(1)关闭燃油供给开关。

(2)使用接头导线V.A.G1348/5-2将遥控器V.A.G1348/3A接到汽油泵继电器的触点和蓄电池正极端子上。

(3)从汽油分配管上拔下输油管。汽油系统是有压力的,在打开系统之前先在开口处放置抹布,然后小心地松开接头以释放压力。

(4)将压力表V.A.G1318及接头V.A.G1318/10连接到输油管上,如图3-24所示。

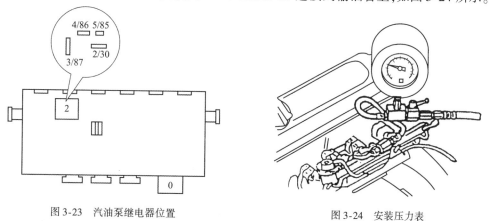

图3-23 汽油泵继电器位置　　　　图3-24 安装压力表

(5)将软管V.A.G1318/1接到压力表的接口V.A.G1318/11上,并伸到量杯内。

(6)打开压力表的截止阀(使其接通)。

(7)操作遥控器V.A.G1348/3A,缓慢关上截止阀,直到压力表上显示0.3MPa的压力,然后保持这一位置。

(8)排空量杯,将遥控器接通30s。

(9)将排出的油量与额定值相比较。额定值应大于0.58L/30s。

如果没有达到最低的输油量,故障原因可能为输油管弯曲或阻塞、汽油滤清器阻塞、汽油泵故障等。

（10）如果汽油泵继电器良好，汽油泵仍然不工作，打开行李舱饰板，从密封凸缘拔下3个端子的导线插头，如图3-25所示。起动发动机，用万用表测量导线上端子1和端子3之间的电压。电压的额定值为蓄电池的电压（12V左右）。

如果电压额定值没有达到，则根据电路图查找并消除电路中的断路故障；如果达到了额定值，旋下密封凸缘紧固大螺母，检查密封凸缘和汽油泵之间的导线是否有断路故障。如果没有发现断路情况，说明汽油泵有故障，应更换汽油泵。

4．喷油器的检查

1）喷油器的控制

ECU控制4个喷油器顺序开启。喷油器的供电来自燃油泵继电器，当ECU接通喷油器负电后，喷油器开启喷油。喷油量只取决于ECU控制的喷油器开启时间的长短。

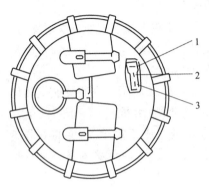

图3-25　汽油泵端子图
1~3—端子

当喷油器发生堵塞、发卡、滴漏时，ECU不能检测到，必须人工检查和排除。如果有一个喷油器不工作，发动机可能会出现起动困难、怠速不稳或加速不良、动力差等现象。当喷油器控制电路开路或断路时，ECU能检测到，使用V.A.G1551的执行元件诊断功能对喷油器进行测试。

2）喷油器的检测

（1）发动机运转时，用手指接触喷油器，应可察觉到喷油脉动。

（2）检查喷油器电阻值。

（3）喷油器拆下后，通12V电压时，应可听到接通和断开的声音。此项试验，通电时间应不大于4s，再次试验应间隔30s，以防喷油器发热损坏。

（4）测量喷油器供电电压。打开燃油供给开关时，端子1对地电压应等于蓄电池电压，如果符合要求，则应检查端子1到附加熔断丝S间的线路有无断路或接触不良。

（5）检查喷油器的滴漏。拔下汽油压力调节器上的真空管和喷油器的插头及霍尔传感器的插头，从进气歧管上拆下汽油分配管与四个喷油器，将4个喷油器头部放入V.A.G1602喷油器喷射速率测试仪的4个量杯内，把喷油器的一个触点与V.A.G1594测试线连接，测试线另一端夹住发动机搭铁点，把喷油器的另一个触点与V.A.G1348/A遥控开关、V.A.G1348-2相配的导线连接，导线另一端夹住蓄电池的正极。用V.A.G1552进入03功能"电终控制诊断"，运转汽油泵，目测每个喷油器的滴漏。油泵运转时，每个喷油器在1min内允许滴油1~2滴。否则，应更换喷油器。

（6）再次进入最终诊断，必须关闭燃油供给开关2s后再打开。按下V.A.G1348/3A遥控开关的按钮30s，用同样的方法测量喷油器在测量杯内的喷油速率。规定值为70~80mL。如果不符合要求，检查汽油压力或喷油器。测试喷射速率的同时，可检查喷射形状，所有喷射形状应相同。

学习小结

（1）燃油系统由燃油箱、电动燃油泵、输油管、燃油滤清器、燃油压力调节器、燃油分配管、喷油器和回油管等组成。

（2）发动机燃油控制系统主要由电动燃油泵、喷油器、燃油压力调节器、燃油分配管、燃油滤清器等部分构成。

（3）检修汽油供给系统时,动作应规范,勿随意拆卸,以免造成新的故障。

（4）燃油系统零件应保持清洁,当喷射系统拆开后,不要用压缩空气吹。

项目评价

考评项目		自我评价	小组互评	教师评价
素质考评(20分)	劳动纪律(4分)			
	安全意识(4分)			
	环保意识(4分)			
	团队精神(4分)			
	协作能力(4分)			
技能考评(80分)	工量具使用(10分)			
	任务方案(15分)			
	实施过程(30分)			
	完成结果(15分)			
	工单填写(10分)			
合计(100分)				
综合评价(100分)				

学生签字:_____　　　　组长签字:_____　　　　教师签字:_____

项目四 发动机进气系统异常的检查与更换

项目导入

一辆行驶里程95000km的汽车,出现怠速抖动、加速不良的现象,仪表板EPC灯点亮。维修技术人员经过诊断,确定故障原因为节气门控制单元的故障,还需进一步检测,确定是元件还是线路故障,如图4-1所示。

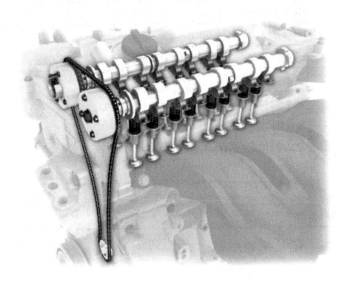

图4-1 发动机进气系统

学习目标

一、知识目标

(1)能通过对进气系统的检查,确定进气系统的拆检任务及要求。
(2)能描述发动机进气系统的功用、组成、工作原理等。

二、技能目标

能使用拆装工具完成进气系统的拆装与检查。

知识准备

一、空气供给系统主要部件的结构和工作原理

发动机进气系统即空气供给系统主要由空气滤清器、进气管、空气流量计、节气门体及进气歧管等组成,如图4-2所示。

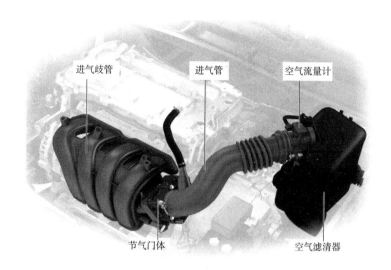

图 4-2 发动机进气系统的组成

进气系统的功用是尽可能多和尽可能均匀地向各汽缸供给可燃混合气或纯净的空气。驾驶员根据发动机的不同负荷控制节气门开度,空气经空气滤清器、节气门、进气管、进气歧管进入汽缸。

空气流量计的作用是检测发动机的进气量,把进气量转换成电信号输给 ECU。ECU 根据这些信号控制点火时刻和喷油量。

由空气滤清器过滤后的空气,经节气门体流入进气歧管,空气与喷油器喷出的汽油混合后形成可燃混合气后进入汽缸。

1. 空气滤清器的功用、结构与类型

空气滤清器是用于过滤空气中微粒杂质的装置,如图 4-3 所示。发动机工作时,如果吸入的空气中含有灰尘等杂质将加剧零件的磨损,因此必须安装空气滤清器。

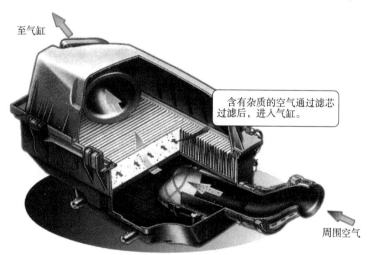

图 4-3 空气滤清器功用

空气滤清器主要由滤网、滤芯、壳体等组成,如图 4-4 所示。

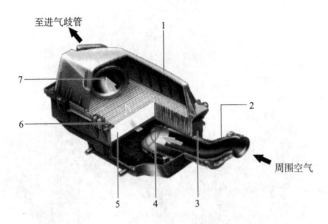

图 4-4 空气滤清器结构

1-上壳体;2-空气滤清器进气短管;3-下壳体;4-滤网;5-纸滤芯;6-密封圈;7-空气滤清器出气短管

空气滤清器按滤芯材料可分为纸质滤芯和铁丝网滤芯,纸质滤芯又分为干式滤芯和湿式滤芯两种,如图 4-5 所示。

a)干式空气滤清器　　b)湿式空气滤清器

图 4-5 空气滤清器滤芯

2. 节气门体

节气门体位于进气管和进气歧管之间,与加速踏板联动,用以控制进气通路截面积的变化,从而实现发动机转速和负荷的控制。为检测节气门位置的开度大小,在节气门轴的一端(下端)装有节气门位置传感器,如图 4-6 所示,用来向 ECU 传递节气门的开度信号。

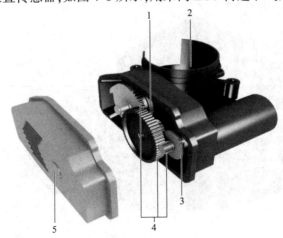

图 4-6 节气门位置传感器

1-节气门复位弹簧;2-节气门;3-节气门;4-减速齿轮控制电机;5-节气门位置传感器

二、控制系统的主要部件

1. 节气门控制组件的组成和作用

(1)节气门电位计 G69 和节气门定位电位计 G88,这两个部件起着节气门位置传感器的作用。它们有两个与节气门联动的可动电刷触点,一个触点在节气门全闭时与怠速触点接触,另一个触点为可在电阻体上滑动的可动触点,节气门开度的大小与电阻的变化成比例。将节气门开度对应的线性输出电压送给 ECU,发动机 ECU 就会感知节气门位置,如图 4-7 所示。

(2)节气门定位器(V60)起着控制怠速的作用,能适当开大或关小节气门,所以本机没有怠速控制阀。

(3)怠速开关(F60)用以向发动机 ECU 提供怠速位置信号。怠速开关闭合时,由节气门定位器来决定怠速时节气门的开度。

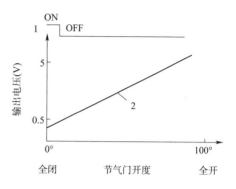

图 4-7 节气门位置传感器的输出特性

2. 节气门位置传感器

节气门由驾驶员通过加速踏板来操纵,以改变发动机的进气量,从而控制发动机的运转。不同的节气门开度标志着发动机的不同运转工况。为了使喷油量满足不同工况的要求,电子控制汽油喷射系统在节气门轴的一端安装有节气门位置传感器。它可以将节气门的开度转换为电信号输送给 ECU,作为 ECU 判断发动机工况的依据。

节气门位置传感器用于检测节气门的开度及其变化,ECU 则利用其信号对喷油量、点火正时、怠速等进行修正控制。

节气门位置传感器按结构大致可分为触点开关式、滑线电阻式、复合式和霍尔式四种。

节气门位置传感器属于开关触点式,如图 4-8 所示。它主要由活动触点、怠速触点、功率触点,节气门轴、控制杆、导向凸轮和槽等组成。活动触点可在导向凸轮槽内移动,导向凸轮由固定在节气门轴上的控制杆驱动。

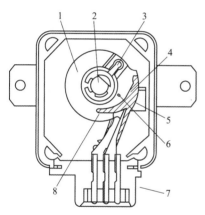

图 4-8 节气门位置传感器组成
1-导向凸轮;2-节气门轴;3-控制杆;4-活动触点;5-怠速触点;6-功率触点;7-连接装置;8-导向凸轮

3. 空气流量计

空气流量计 AFM,是进气歧管质量型空气流量传感器 MAFS 的简称。其作用是检测发动机进气量的大小,并将进气量信息变换成电信号输入 ECU。进气量信号是 ECU 计算喷油时间和点火时间的主要依据。空气流量增大,进气量增大,喷油增多,点火提前角减小,如图 4-9 所示。

空气流量计按结构形式可分为:叶片式空气流量计、卡门涡旋式空气流量计、热线式空气流量计、热膜式空气流量计。大众桑塔纳 3000 轿车用的是热膜式空气流量计。

热膜式空气流量计主要由控制电路、温度传感器、热膜、护网等部件组成,如图 4-10 所示。

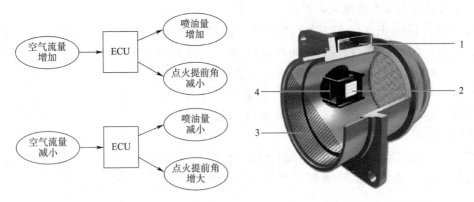

图 4-9　ECU 根据进气量信号发出不同控制

图 4-10　热膜式空气流量计组成
1-控制电路;2-热膜;3-护网;4-温度传感器

当空气流经温度补偿电阻和热膜电阻时,热膜电阻和温度补偿电阻受到冷却,温度降低,阻值减小。当热膜电阻的阻值减小时,电桥电压就会失去平衡,控制电路将增大供给热膜电阻的电流,使其温度保持恒定。电流增加值的大小,取决于热膜电阻受到冷却的程度,即取决于流过流量计的空气量,如图 4-11 所示。

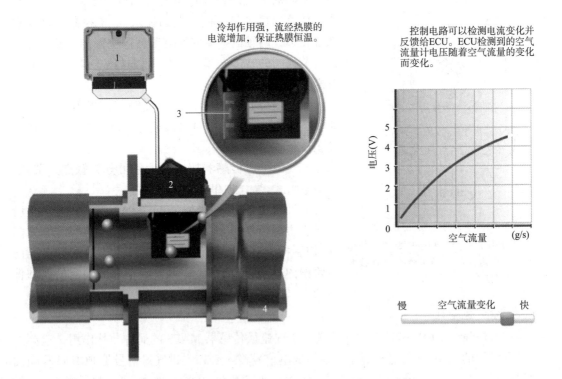

图 4-11　热膜式空气流量计工作原理
1-ECU;2-热膜式空气流量计;3-补偿电阻;4-进气管

热膜式空气质量计安装在空气滤清器和进气软管之间,其连接电路如图 4-12 所示。

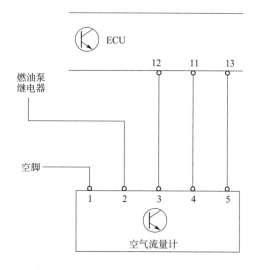

图 4-12　热膜式空气流量计控制电路

项目实施

一、实施路径

(1)第一步:测量节气门控制组件(J338)供电电压。
(2)第二步:空气流量计(G70)的检测。

二、实施方案

(1)课时建议:10 学时(按实际维修工时要求)。
(2)教学环境:理实一体化教学实训中心。
(3)质量要求:参照厂家的质量标准要求。
(4)组织方式:学生自由组合,每 4~6 位同学为一组。
(5)生产准备,每组配备的工具及设备:
①场地,消防设施的实训维修车间。
②举升机,安全支座,套装常用工具、专用工具。
③轿车、维修作业台等。
④仪器:发光二极管试灯等。
⑤耗材:清洁布等。
(6)实训作业要求。
具体要求同项目一,这里不再赘述。

三、实施步骤

第一步　测量节气门控制组件(J338)供电电压

测量节气门控制组件供电电压即是测量节气门定位电位计和节气门电位计的电源电压。打开点火开关,测量节气门控制组件插头,端子 4 和 7 间电压应约为 5V(用 20V 量程挡)。

第二步 空气流量计(G70)的检测

(1)试验工作情况。

发动机怠速运转,读测量数据块显示组02,检查进气质量。标准值应为2.0~4.0g/s。如果不在标准范围内或者查询到空气流量计有故障,应检查空气流量计的供电电压。

(2)检查空气流量计的供电电压。

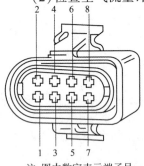

图4-13 空气流量计端子
注:图中数字表示端子号

如图4-13所示,用发光二极管试灯连接空气质量计插头端子2和发动机搭铁点,起动发动机,灯应亮。如果灯不亮,应检查熔断丝与端子2间线路有无断路或短路,如正常,则检查汽油泵继电器。

测量空气流量计插头端子4对发动机搭铁点电压约为5V(用20V量程挡)。

如果空气流量计供电电压正常,应测试信号线路。如果不正常,更换发动机ECU。

(3)测试空气流量计线路。

测试空气流量计端子触点与发动机控制单元相关端子间的线路。其电阻值应小于1Ω。如果线路有断路或短路,应修复;如果线路没有故障,更换空气流量计。

学习小结

(1)空气供给系统的作用是提供并控制汽油燃烧所需的空气量。

(2)空气供给系统主要由空气滤清器、节气门体、进气压力传感器、稳压箱和附加空气阀等组成。

(3)控制系统的作用是收集发动机的工况信息并确定最佳喷油量、最佳喷油时刻及最佳点火时刻。

(4)控制系统由ECU、冷却液温度传感器、氧传感器、节气门位置传感器、进气温度传感器、进气压力传感器、爆震传感器及霍尔传感器等组成。

项目评价

考评项目		自我评价	小组互评	教师评价
素质考评(20分)	劳动纪律(4分)			
	安全意识(4分)			
	环保意识(4分)			
	团队精神(4分)			
	协作能力(4分)			
技能考评(80分)	工量具使用(10分)			
	任务方案(15分)			
	实施过程(30分)			
	完成结果(15分)			
	工单填写(10分)			
合计(100分)				
综合评价(100分)				

学生签字:_____   组长签字:_____   教师签字:_____

> 知识拓展

可变进气控制系统(进气道长度可变)

进气气流在进气管中的变化是非常复杂的。为了有效地利用进气动态效应、提高充气效率,在汽车发动机上采用设置动力腔、谐振腔及各种结构形式的可变进气系统,如图4-14所示。

在发动机的进气歧管内设置转换辊,而转换辊的工作是通过转换阀实现的,可在两个不同长度进气管之间进行切换,它接受ECU的控制,如图4-15所示。

a)进气歧管实物图　　　　　　　　　b)转换辊实物图

图4-14　可变进气系统

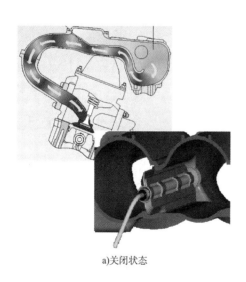 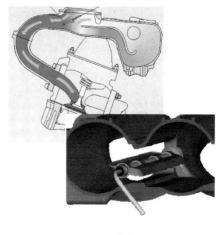

a)关闭状态　　　　　　　　　　　b)开启状态

图4-15　转换阀控制进气管长度

当发动机转速低于4000r/min时(举例),可变进气歧管活动阀门关闭,空气通过较长的轨迹进入汽缸,管内进气流具有较大的惯性,起到惯性增压的作用,可获得较大的转矩;当发动机转速超过4000r/min时,ECU给电磁阀信号,使电磁阀打开,此时进气管内的低压空气进入到真空膜盒的右侧,而真空膜盒的左侧与大气相通,因此形成压力差,使膜片向右移动,从而通过连杆带动活门转动,此时空气通过较短的轨迹流入汽缸内,可降低延程阻力,使发动机高速时获得较大的功率。

如图4-16、图4-17所示,长短进气道的切换通过进气歧管转换阀N156进行。进气歧管转换阀N156由燃油泵继电器供电,另一端由发动机控制单元控制。

进气歧管采用双级式,因此就有两个进气路线,转换辊可将进气管的长度改变(即进气管是双级的)。当有转矩要求时,转换辊关闭,进气道为长行程;有功率要求时,转换辊打开,进气道为短行程。

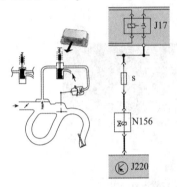
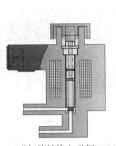
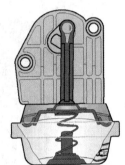

图4-16　N156电磁阀工作过程　　　　图4-17　进气管转换电磁阀与真空膜盒示意

项目五　火花塞不跳火的检查与更换

项目导入

一辆轿车在行驶途中突然熄火,且熄火之后发动机无法起动,经 4S 店维修技师检查,初步确定是火花塞不跳火引起的故障,请你对该车火花塞进行检查与更换(图 5-1)。

图 5-1　点火系统

学习目标

一、知识目标

(1)能描述点火系统功用及分类。
(2)能描述点火系统组成及工作原理。
(3)能描述火花塞结构、位置及功用。
(4)能描述单独点火方式用点火线圈结构。
(5)能描述单独点火方式用点火线圈工作原理。

二、技能目标

会正确使用工具检查、更换火花塞。

知识准备

一、点火系统功用

点火系统的作用是将低压电转变为高压电,并按照发动机的做功顺序和点火时刻的要求,产生电火花,点燃汽缸内的可燃混合气,如图 5-2 所示。

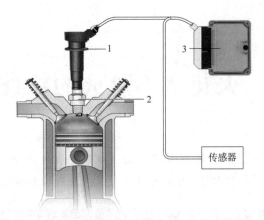

图 5-2 点火系统
1-点火线圈;2-火花塞;3-ECU

二、点火系统类型和组成

如图 5-3 所示,点火系统主要分为传统点火系统、电子点火系统和微机控制点火系统三种,现代汽车大都采用微机控制点火系统。图 5-4 所示为霍尔式电子点火系,微机控制点火系统又可分为单独点火方式点火系统和同时点火方式点火系统。

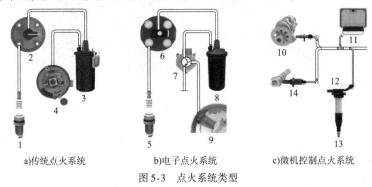

a)传统点火系统　　b)电子点火系统　　c)微机控制点火系统

图 5-3 点火系统类型

1-火花塞;2-配电器;3-点火线圈;4-断电器;5-火花塞;6-配电器;7-点火模块;8-点火线圈;9-霍尔信号发生器;10-曲轴位置传感器;11-ECU;12-点火线圈;13-火花塞;14-凸轮轴位置传感器

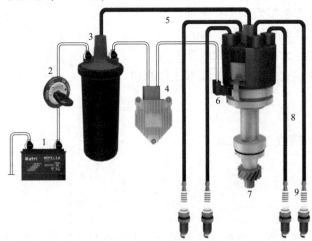

图 5-4 霍尔式电子点火系统组成

1-蓄电池;2-点火开关;3-点火线圈;4-点火模块;5-中央高压线;6-霍尔式信号发生器;7-分电器;8-分缸高压线;9-火花塞

·88·

三、点火系统工作原理

如图 5-5 所示,发动机运转时,信号发生器产生点火信号,并将点火信号输送至点火器。点火器接通初级电路,初级电流路径:电池(电源)正极→点火开关 S→点火线圈"＋"接线柱→初级绕组 N1→点火线圈"—"接线柱→点火器→搭铁。

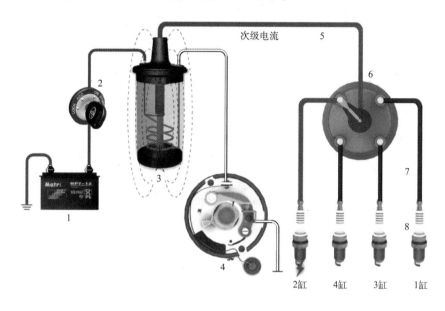

图 5-5 点火系统工作原理

1-蓄电池;2-点火开关;3-点火线圈;4-断电器;5-中央高压线;6-配电器;7-分缸高压线;8-火花塞

电流经过点火线圈的初级绕组,产生磁场。点火器切断初级电路,点火线圈的初级绕组无电流,磁场消失,点火线圈的次级绕组感应产生高压电并通过高压线送到分火头。配电器中分火头正对准分电器盖上某个旁电极,将高压电送给火花塞,使火花塞产生火花。

四、火花塞结构

火花塞连接在点火线圈次级绕组末端,它主要由中心电极、侧电极、陶瓷绝缘体、接线螺杆、接线螺母等组成,如图 5-6 所示。钢质的火花塞壳体内部固定有陶瓷绝缘体,绝缘体中心孔上有接线螺杆,接线螺杆上端有接线螺母,用来连接高压导线;绝缘体下部有中心电极。

五、火花塞安装位置和功用

1. 功用

火花塞的主要功用是将点火线圈产生的脉冲高电压引入发动机汽缸,并在火花塞两电极之间产生电火花,以点燃可燃混合气。

2. 安装位置

不同车型的火花塞安装位置有所不同,如图 5-7 所示。

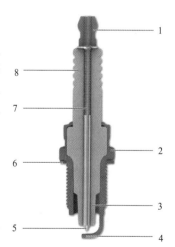

图 5-6 火花塞结构

1-接线螺母;2-火花塞壳体;3-绝缘体裙部;4-侧电极;5-中心电极;6-密封垫圈;7-接线螺杆;8-陶瓷绝缘体

图 5-7 火花塞安装位置

六、单独点火方式点火线圈结构

单独点火方式点火线圈结构,如图 5-8 所示。

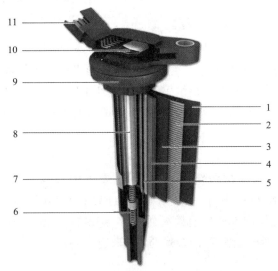

图 5-8 单独点火方式点火线圈结构

1-塑料壳;2-初级线圈;3-绝缘层;4-次级线圈;5-环氧树脂骨架;6-连接弹簧;7-钢壳;8-铁芯;9-密封圈;10-点火模块;11-连接器

七、单独点火方式点火线圈工作原理

点火线圈之所以能将车上低压电变成高电压,是因为有与普通变压器相同的工作形式,初级线圈与次级线圈的匝数比大。但点火线圈工作方式却与普通变压器不一样,普通变压器是连续工作的,而点火线圈则是断续工作的,它根据发动机不同的转速以不同的频率反复进行储能及放能。当初级线圈接通电源时,随着电流的增长,四周产生一个很强的磁场,铁芯储存了磁场能;当开关装置使初级线圈电路断开时,初级线圈的磁场迅速衰减,次级线圈就会感应出很高的电压。初级线圈的磁场消失速度越快,电流断开瞬间的电流越大,两个线圈的匝比越大,则次级线圈感应出来的电压越高,如图5-9所示。

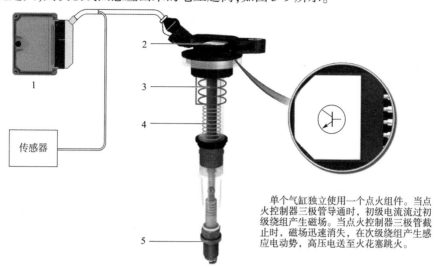

单个气缸独立使用一个点火组件。当点火控制器三极管导通时,初级电流流过初级绕组产生磁场。当点火控制器三极管截止时,磁场迅速消失,在次级绕组产生感应电动势,高压电送至火花塞跳火。

图5-9　单独点火方式点火线圈工作原理
1-ECU;2-点火模块;3-初级线圈;4-次级线圈;5-火花塞

八、点火提前角的控制

1.影响点火提前角的因素

汽缸内的混合气从火花塞跳火到燃烧需要一定时间。试验表明,在燃烧做功过程中,当最高燃烧压力出现在上止点后10°左右时,发动机的输出功率最大。为了使发动机输出功率最大,点火时刻不应在压缩行程上止点开始,而应适当提前一定角度。

如果点火提前角过小,则燃烧将在汽缸容积快速增大的情况下进行,从而使最高爆发压力下降,发动机输出功率下降。同时,由于高温燃烧气体与汽缸壁接触面积增大,导致热损失增大,发动机过热,燃油消耗增加。

如果点火提前角过大,则燃烧将在压缩行程中进行,活塞在到达压缩上止点前,汽缸内的压力已达到最大,对正在上行的活塞造成很大阻力,不仅使发动机输出功率下降,燃油消耗增加,还易引起爆震。不同发动机具有不同的最佳点火提前角,同一台发动机在不同的工况和使用条件下,最佳点火提前角也不同。

(1)发动机转速。

发动机转速越高,最佳点火提前角应越大。因为,当发动机转速升高时,燃烧过程所占曲轴转角增大,如果不适当加大点火提前角,燃烧会延续到膨胀过程中,造成功率和经济性下降。假设混合气燃烧速率不变,则最佳点火提前角应随转速改变而按线性规律增长。但实际上,随着转速的继续升高,由于汽缸压力和温度的提高及混合气扰流的增强,燃烧速度也随之加快。当转速升高到一定程度时,最佳点火提前角虽仍然随发动机转速的升高而增大,但增加速度有所减缓,因此,最佳点火提前角随转速的变化是非线性的。目前的电子控制点火系统可以使发动机的实际点火提前角随转速的变化关系接近于理想的最佳点火提前角。

(2) 发动机负荷。

发动机负荷增大,最佳点火提前角应减小。因为,当发动机负荷增大时,在发动机转速不变的情况下,由于汽缸内温度升高,混合气燃烧速率加快,故最佳点火提前角应减小。最佳点火提前角随负荷的变化也是非线性的。目前采用的电子控制点火系统可以使发动机的实际点火提前角随负荷的变化关系接近于理想的最佳点火提前角。

(3) 汽油辛烷值。

汽油的辛烷值越高,抗爆性越好,点火提前角可增大,反之则减小。在实际发动机中,为了避免爆震,实际的点火提前角都略小于最佳点火提前角,故当汽油的辛烷值提高时,应适当加大点火提前角。为了适应不同辛烷值汽油的要求,有的发动机在电控单元中存储了2张点火正时数据表,可根据不同燃油的品质进行选择。

(4) 其他影响因素。

最佳点火提前角还与发动机的燃烧室形状、空燃比、大气压力、冷却液温度等有关。目前采用的电子控制点火系统电控单元能综合考虑这些因素对最佳点火提前角进行精确的控制,并据此对点火提前角进行修正,能保证发动机在各种工况和运行条件下都具有最佳点火提前角。

2. 最佳点火提前角的确定与控制

在电子控制点火系统中,电控单元对点火提前角的控制分为发动机正常运转时点火提前角控制和起动时点火提前角控制两种情况。

(1) 正常运转时点火提前角的控制。

发动机正常运转时,最佳点火提前角 = 初始点火提前角 + 基本点火提前角 + 修正点火提前角。

① 初始点火提前角的控制。

为控制点火正时,电控单元根据上止点位置确定点火提前角。有些发动机电控单元把 G1 或 G2 信号出现后第一个 Ne 信号过零点定为压缩行程上止点前 10°,并以此角度作为点火正时计算的基准点,称为初始点火提前角,其大小随发动机而异。

② 基本点火提前角的控制。

发动机正常运转时,电控单元按怠速工况和非怠速工况确定基本点火提前角。

a. 怠速工况:电控单元根据节气门位置信号、发动机转速信号及空调开关信号,确定基本点火提前角。

b. 非怠速工况:电控单元根据发动机转速和节气门位置信号,从存储器数据表中查出相应的基本点火提前角。

③ 修正点火提前角的控制。

除转速和负荷外,其他对点火提前角有重要影响的因素均归入到修正点火提前角中。修正点火提前角包括暖机修正、过热修正、空燃比反馈修正、怠速稳定性修正、爆震修正等。

a. 暖机修正。暖机修正是指节气门位置传感器的怠速触点 IDL 闭合,发动机冷却液温度变化时,对点火提前角进行的修正。当冷却液温度低时,应增大点火提前角,促使发动机尽快暖机;随着冷却液温度的升高,点火提前角修正值逐渐减小。

b. 过热修正。发动机处于正常运行工况时,若冷却液温度过高,为了避免产生爆震,应将点火提前角推迟。发动机处于怠速工况时,若冷却液温度过高,为了避免发动机长时间过热,应将点火提前角增大。

c. 空燃比反馈修正。装有氧传感器的电控燃油喷射系统,电控单元根据氧传感器的反馈信号空燃比进行修正。随着修正喷油的增加或减少,发动机转速在一定范围内波动。为了提高转速的稳定性,在反馈修正油量减少时,点火提前角相应增加;当反馈修正油量增加时,点火提前角相应减小。

d. 怠速稳定性修正。发动机在怠速工况运行时,由于负荷的变化会使发动机转速发生变化,电控单元要调整点火提前角,使发动机在规定的怠速转速下稳定运转。发动机处于怠速工况时,当发动机的转速低于规定的怠速转速时,电控单元根据实际转速与目标转速差值的大小相应增大点火提前角;当发动机转速高于目标转速时,则减小点火提前角。

e. 爆震修正。爆震和点火时刻有密切关系,一般而言,点火提前角越大,越易产生爆震,推迟点火时间对消除爆震有明显的作用。当发动机产生爆震时,电控单元推迟点火时间。当发动机的负荷低于一定值时,一般不会发生爆震,此时电控单元对点火提前角实行开环控制。电控单元对点火提前角进行闭环控制时,若发动机产生爆震,电控单元根据爆震信号的强弱控制推迟角度的大小,爆震强,推迟的角度大;爆震弱,推迟的角度小。每次反馈控制调整都以一固定的角度递减,直到爆震消失为止;爆震消失后,电控单元又以一固定的提前角度逐渐增大点火提前角;当再次出现爆震时,电控单元又再次逐渐减小点火提前角。在需要对点火提前角进行闭环控制的工况下,这种反馈控制调整过程是反复进行的。

(2)起动时点火提前角的控制。

起动时,由于发动机转速变化大,空气流量不稳定,对点火提前角难以准确控制,因此,采用固定的初始点火提前角进行控制。

项目实施

一、实施路径

(1)第一步:取下点火线圈。
(2)第二步:拆卸火花塞。
(3)第三步:检测火花塞。
(4)第四步:安装火花塞。
(5)第五步:安装点火线圈。

二、实施方案

(1)课时建议:10 学时(按实际维修工时要求)。
(2)教学环境:一体化教学实训中心。
(3)质量要求:参照厂家的质量标准要求。
(4)组织方式:学生自由组合,每 4~6 位同学为一组。
(5)生产准备,每组配备的工具及设备:
①场地,装有废气抽排系统和消防设施的实训维修车间。
②举升机、安全支座、套装常用工具、火花塞套筒扳手、塞尺。
③轿车、维修作业台等。
④耗材:清洁布等。
(6)实训作业要求。
具体要求同项目一,这里不再赘述。

三、实施步骤

第一步　取下点火线圈

(1) 取下发动机舱盖,如图 5-10 所示。

(2) 断开点火线圈线束连接器,如图 5-11 所示。

图 5-10　拆卸发动机舱盖

图 5-11　断开点火线圈线束连接器

(3) 拆卸点火线圈固定螺栓,如图 5-12 所示。

(4) 取下点火线圈,如图 5-13 所示。

图 5-12　拆卸点火线圈固定螺栓

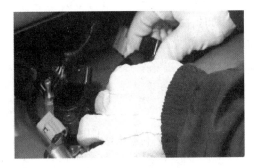

图 5-13　拆卸点火线圈

第二步　拆卸火花塞

(1) 根据维修手册选择合适的工具,检查火花塞套筒,组合工具,如图 5-14 所示。

注意事项

拆卸火花塞之前,要检查火花塞套筒橡胶是否损坏。

(2) 将火花塞套筒与火花塞中心对正,然后拧松,再用手拧动直到螺纹完全退出后,将工具和火花塞一同取出,如图 5-15 所示。

图 5-14　检查火花塞套筒

图 5-15　拆卸火花塞

注意事项

取出火花塞时,不能碰到孔壁,防止脱落。

(3)将火花塞按顺序摆放在零件车上,如图5-16所示。

第三步 检测火花塞

1. 目视检查火花塞。

(1)检查螺纹是否完好,如图5-17所示。

图5-16 点火系统零件摆放

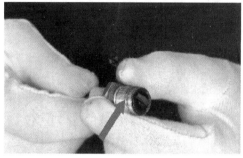

图5-17 检查火花塞螺纹

(2)检查陶瓷是否有裂纹,如图5-18所示。

(3)检查火花塞与点火线圈套接部位是否锈蚀或烧蚀,如图5-19所示。

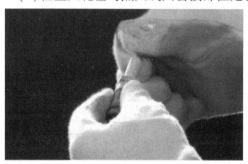

图5-18 检查火花塞陶瓷是否有裂纹

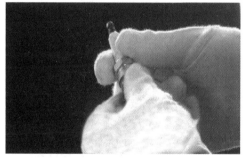

图5-19 检查是否有锈蚀或烧蚀

(4)检查火花塞电极是否良好,如图5-20所示。

2. 检查火花塞电极间隙。

使用塞尺测量火花塞电极间隙,如图5-21所示,若间隙过大,必须更换。

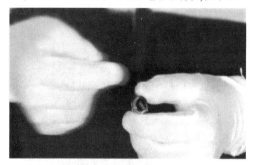

图5-20 检查火花塞电极

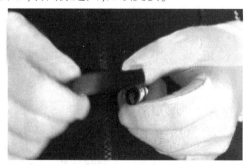

图5-21 测量火花塞电极间隙(0.9~1.1mm)

第四步 安装火花塞

(1)根据原厂规定或相应的火花塞对应表确定火花塞型号,根据维修手册选择合适的工具,调整扭力扳手力矩,如图5-22所示。

(2)首先选择并组装火花塞套筒和加长杆,将火花塞正确插入火花塞套筒,如图5-23所示。

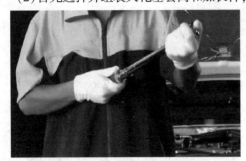
图5-22 调整扭力扳手力矩

图5-23 组装工具

注意事项
安装前检查火花塞套筒是否卡紧火花塞。

(3)将工具连同火花塞一起正确放入安装位置,并用手正确旋入螺纹,直到拧不动为止,如图5-24所示。在火花塞旋入螺纹时应对正并能顺利旋入,如遇阻力过大时应旋出检查。

注意事项
放入时不能磕碰火花塞孔壁。

(4)使用扭力扳手按规定力矩拧紧火花塞,如图5-25所示。

图5-24 安装火花塞

图5-25 紧固火花塞(拧紧力矩:20N·m)

第五步 安装点火线圈

(1)将点火线圈按正确位置放入并安装到位,如图5-26所示。

注意事项
确保点火线圈对准火花塞方向。

(2)安装点火线圈固定螺栓,如图5-27所示。

图5-26 安装点火线圈

图5-27 安装点火线圈固定螺栓

（3）使用扭力扳手按规定力矩拧紧，如图5-28所示。

（4）插接点火线圈线束连接器，确保连接器锁止可靠，如图5-29所示，检查所有线束连接器和固定螺栓。

图5-28 紧固点火线圈固定螺栓（拧紧力矩：10N·m）

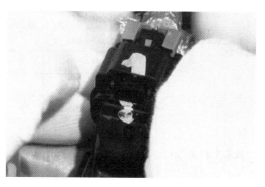

图5-29 连接点火线圈插头

（5）清洁并整理工具，如图5-30所示。

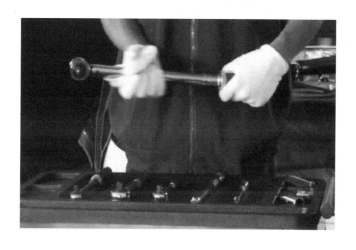

图5-30 清洁整理工具

完成以上操作后，检验维修质量，验证车辆故障是否已经排除，并进行车辆最终检查。

学习小结

（1）点火系统的作用是将低压电转变为高压电，并按照发动机的做功顺序和点火时刻的要求，产生电火花，点燃汽缸内的可燃混合气。

（2）点火系统主要分为传统点火系统、电子点火系统和微机控制点火系统三种，现代汽车大都采用电子点火系统。

（3）电子点火系统又可分为单独点火方式点火系统和同时点火方式点火系统。

（4）火花塞连接在点火线圈次级绕组末端，它主要由中心电极、侧电极、陶瓷绝缘体、接线螺杆、接线螺母等组成。

项目评价

考评项目		自我评价	小组互评	教师评价
素质考评(20分)	劳动纪律(4分)			
	安全意识(4分)			
	环保意识(4分)			
	团队精神(4分)			
	协作能力(4分)			
技能考评(80分)	工量具使用(10分)			
	任务方案(15分)			
	实施过程(30分)			
	完成结果(15分)			
	工单填写(10分)			
合计(100分)				
综合评价(100分)				

学生签字:_____　　　　组长签字:_____　　　　教师签字:_____

项目六　发动机冷却液温度高的检查与更换

项目导入

如图 6-1 所示，一辆汽车在行驶中仪表指示发动机冷却液温度过高，经过 4S 店检查，初步确定为发动机冷却系统工作不良，需要检查更换发动机冷却系统相关零部件。

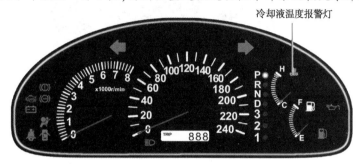

图 6-1　冷却液温度报警灯

学习目标

一、知识目标

（1）能通过对冷却系统的检查，确定冷却系统的拆检任务及要求。
（2）能描述发动机冷却系统的功用、组成、工作原理等。

二、技能目标

会用拆装工具对冷却系统进行拆装、检查。

知识准备

一、冷却系统类型

以空气为冷却介质的冷却系统称为风冷系统，以冷却液为冷却介质的称水冷系统。汽车发动机大多采用水冷系统，如图 6-2 所示。

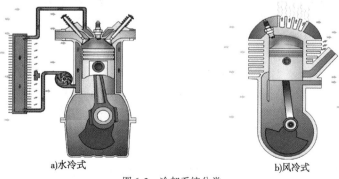

a) 水冷式　　　　　　　　　　　　b) 风冷式

图 6-2　冷却系统分类

· 99 ·

二、发动机冷却系统组成和工作原理

以卡罗拉轿车为例,发动机采用强制水冷系统,主要由散热器、风扇、水泵、节温器和水套等部件组成,如图6-3所示。

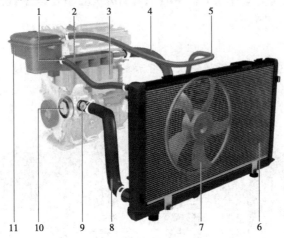

图6-3 发动机冷却系统组成
1-补偿管;2-汽缸盖水套;3-汽缸体水套;4-散热器进水软管;5-溢流管;6-散热器;7-冷却风扇;8-散热器出水软管;9-节温器;10-水泵;11-膨胀水箱

冷却液在水泵的作用下,流经汽缸体及汽缸盖的水套,吸收热量,然后沿水管流入散热器。利用汽车行驶的速度及风扇的强力抽吸,使空气流由前向后高速通过散热器,不断地将流经散热器的高温冷却液的热量散到大气中去,使冷却液温度下降,冷却后的水流至散热器底部后,被水泵再次压入发动机的水套中,如此循环将发动机工作时产生的热量带走,以保证发动机正常工作。

在强制循环式水冷系统中,节温器用来控制水的循环路线,将冷却液循环路线切分为大循环和小循环。

冷却液温度低于84℃(卡罗拉轿车)时,节温器的主阀门关闭,副阀门开启,冷却液进行小循环,如图6-4所示。

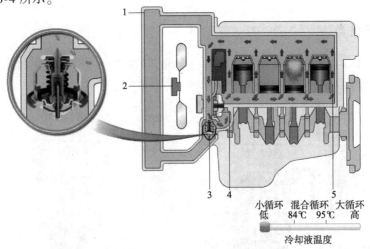

图6-4 冷却系统小循环工作原理
1-散热器;2-冷却风扇;3-节温器;4-水泵;5-水套

温度为84~95℃时，主阀门部分打开，副阀门部分关闭，冷却液进行混合循环，如图6-5所示。

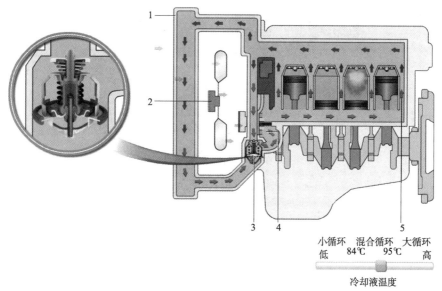

图6-5 冷却系统混合循环工作原理
1-散热器；2-冷却风扇；3-节温器；4-水泵；5-水套

温度达到95℃时，主阀门全开，副阀门全关，冷却液进行大循环，如图6-6所示。

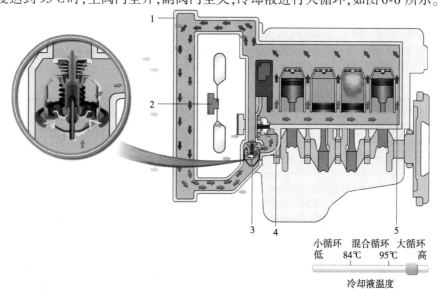

图6-6 冷却系统大循环工作原理
1-散热器；2-冷却风扇；3-节温器；4-水泵；5-水套

三、冷却系统各组成部件

1. 横流式散热器

横流式散热器由左储水室、右储水室、散热器芯及翼片四部分构成，如图6-7所示。

冷却液在散热器芯散热管（或片）内流动，空气在散热器芯外通过。热的冷却液由于向空气散热而变冷，冷空气则因为吸收冷却液散出的热量而升温，所以散热器是一个热交换器。

图 6-7 横流式散热器结构
1-散热器翼片；2-右储水室；3-左储水室；4-散热器芯

2. 冷却风扇

现代轿车大多采用独立安装的电动风扇，特别是对于横置式发动机。电动机的开关由散热器的水温开关控制，并且有高低速两个挡位，低速挡在低温时使用（卡罗拉轿车，95～105℃），高速挡在高温时使用（卡罗拉轿车，105℃以上），需要冷却时自动起作用，如图 6-8 所示。

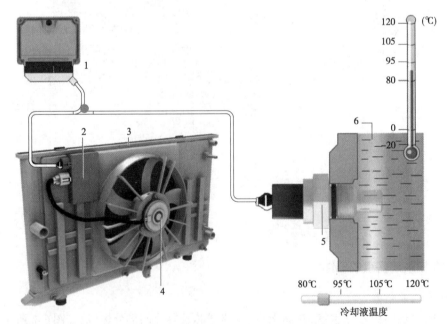

图 6-8 冷却风扇工作过程
1-ECU；2-风扇 IC；3-散热器；4-风扇电动机；5-冷却液温度传感器；6-冷却液

冷却风扇常见传动类型有机械传动式、硅油传动式和电动式三种，如图 6-9 所示。

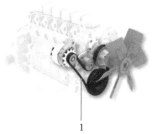  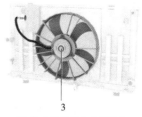

a)机械传动式(由曲轴皮带轮驱动)　　b)硅油传动式(由风扇离合器调节冷却强度)　　c)电动式(由风扇电动机驱动)

图 6-9　常见冷却风扇传动类型
1-曲轴皮带轮;2-硅油式风扇离合器;3-风扇电动机

3．节温器

（1）节温器结构及其功用。

节温器是控制冷却液流动路径的阀门。当发动机冷起动时,冷却液的温度较低,这时节温器将冷却液流向散热器的通道关闭,使冷却液经水泵入口直接流入机体或汽缸盖水套,以便使冷却液能够迅速升温。如果不装节温器,让温度较低的冷却液经过散热器冷却后返回发动机,则冷却液的温度将长时间不能升高,发动机也将长时间在低温下运转。同时,依靠冷却液加热的车厢暖风系统以及发动机进气管都将在长时间内得不到加热。

蜡式节温器主要是由支架、挺杆、蜡管、主阀门、副阀门、弹簧等构成,如图 6-10 所示。

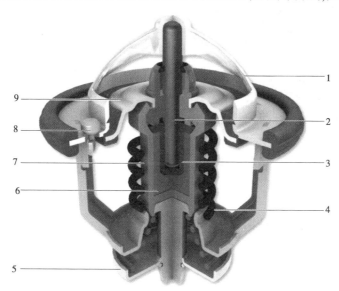

图 6-10　蜡式节温器结构

1-支架;2-推杆;3-胶管;4-弹簧;5-副阀门;6-石蜡;7-蜡管;8-通气孔摆锤;9-主阀门

（2）节温器工作原理。

当冷却液温度低于规定值时,节温器感温体内的石蜡呈固态,节温器阀在弹簧的作用下关闭发动机与散热器间的通道,冷却液经水泵返回发动机,进行小循环。

当冷却液温度达到规定值后,石蜡开始熔化逐渐变成液体,体积随之增大并压迫橡胶管使其收缩。在橡胶管收缩的同时对推杆作用以向上的推力。由于推杆上端固定,因此推杆对胶管和感温体产生向下的反推力使阀门开启。这时,冷却液经由节温器阀和散热器,再经水泵流回发动机,进行大循环,如图 6-11 所示。

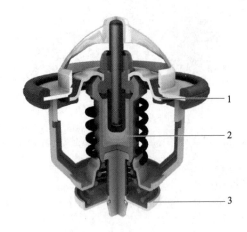

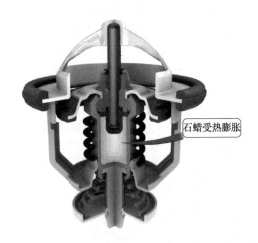
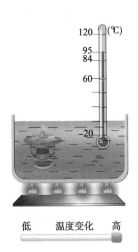

图 6-11 节温器工作原理
1-主阀门；2-石蜡；3-副阀门

(3) 节温器损伤原因。

节温器常见的损伤有两种情况，一种是打不开或升程较小，这样发动机冷却系统就只能进行小循环，从而导致发动机温度过高，不能长时间工作；另一种是不能关闭，这样发动机冷却系统就只能进行大循环，从而导致发动机暖机时间加长，发动机冷却液温度上升缓慢。

4. 水泵

(1) 离心式水泵结构及其功用。

水泵的功用是对冷却液加压，保证其在冷却系统中循环流动。汽车发动机广泛采用离心式水泵，其基本结构由水泵壳体、水泵轴、叶轮及进出水管等组成，如图 6-12 所示。

(2) 离心式水泵工作原理。

当水泵叶轮旋转时，水泵中的冷却液被叶轮带动一起旋转，并在离心力的作用下被甩向水泵壳体的边缘，同时产生一定的压力，然后从出水管流出，如图 6-13 所示。在叶轮的中心处，由于冷却液被甩出而压力下降，散热器中的冷却液在水泵进口与叶轮中心的压差作用下经进水管流入叶轮中心。

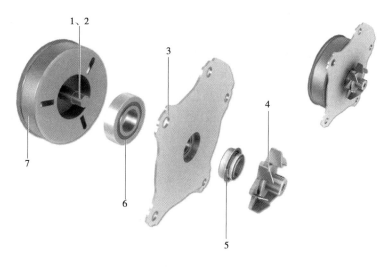

图 6-12 离心式水泵结构
1、2-水泵轴;3-水泵盖;4-水泵叶轮;5-密封组件;6-水泵轴承;7-水泵皮带轮

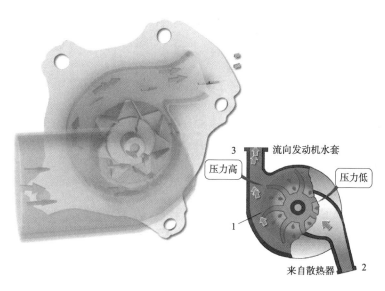

图 6-13 离心式水泵工作原理
1-叶轮;2-进水管;3-出水管

(3) 水泵常见损伤及成因。

水泵的常见故障有叶轮损坏、水泵漏水以及轴承卡滞。

叶轮损坏：叶轮损坏的常见形式有叶轮开裂、叶轮从泵轴上松脱或叶轮腐蚀，叶轮腐蚀一般不会造成发动机故障。叶轮开裂或叶轮从泵轴上松脱后，冷却液循环速度变慢，容易引起发动机温度过高的故障。损坏的叶轮在旋转时还可能撞击水泵壳体，造成壳体碎裂。

叶轮损坏的原因通常是由于发动机出现了非正常高温的情况，有些是因为水泵叶轮的质量问题。检查叶轮是否损坏时，大多数水泵只能在拆下后才能看到叶轮的状况，有些发动机在拆下节温器后可以用手触摸到水泵叶轮。

水泵漏水：水泵漏水的常见部位有水封漏水和水泵与缸体的接合面漏水。

水封损坏后,冷却液一般会从泵轴处泄漏。有些水泵在泵轴处设有溢水孔,其作用是确定水封是否漏水和排出水泵漏出的水。当水封损坏后,冷却液会从溢水孔流出,如果溢水孔被堵死,泄漏的冷却液就会进入水泵轴承内,导致轴承的损坏。

水泵与缸体接合面漏水的常见原因是水泵的橡胶密封圈损坏,或水泵壳体与缸体接合面之间的密封垫损坏。防冻液具有一定的颜色并在受热时会散发出特殊的气味,因此可以通过发动机工作时能否闻到防冻液的气味或观察水泵附近是否有防冻液的痕迹来判断水泵是否泄漏。

 项目实施

一、实施路径

(1)第一步:冷却液检查。
(2)第二步:散热器检修。
(3)第三步:冷却风扇检修。
(4)第四步:节温器检修。
(5)第五步:水泵检修。

二、实施方案

(1)课时建议:18学时(按实际维修工时要求)。
(2)教学环境:一体化教学实训中心。
(3)质量要求:参照厂家的质量标准要求。
(4)组织方式:学生自由组合,每4~6位同学为一组。
(5)生产准备,每组配备的工具及设备:
①场地,消防设施的实训维修车间。
②举升机,安全支座,套装常用工具、专用工具。
③轿车、维修作业台等。
④耗材:清洁布等。
(6)实训作业要求。
具体要求同项目一,这里不再赘述。

三、实施步骤

第一步 冷却液检查

(1)检查冷却液液位。
发动机在冷机状态时,发动机冷却液液位应在LOW和FULL刻度线之间。目测观察冷却液液位是否在规定范围内。

> **注意事项**
> 如果发动机冷却液液位低于LOW刻度线,检查冷却液是否泄漏,并添加"丰田超长效冷却液(SLLC)",或类似的不含硅酸盐、胺、亚硝酸盐和硼酸盐,且采用长效复合有机酸技术制成的优质乙二烯乙二醇冷却液到FULL刻度线。

(2)检查冷却液是否泄漏。

向散热器总成中注满发动机冷却液,然后连接散热器盖检测仪,如图6-14所示。

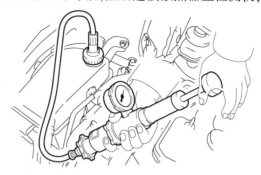

图6-14 连接散热器盖检测仪

泵压至108kPa(1.1kgf/cm², 15.6psi),然后检查并确认压力有没有降低。如果压力下降,检查软管、散热器总成和水泵总成是否泄漏。如果发动机外部没有冷却液泄漏痕迹,则检查加热器芯、汽缸体和汽缸盖。

> **注意事项**
> 为避免烫伤,不要在发动机和散热器总成仍然很烫时拆下散热器盖分总成。热膨胀会导致热的发动机冷却液和蒸气从散热器总成中溢出。

第二步 散热器检修

(1)检查储液罐盖。

检查储液罐盖中的O形圈上是否有水垢或异物,如有,则用清水冲洗并擦拭。

(2)检查散热片。

就车观察散热翼片是否弯曲。如果翼片合到一起,则要铺平校直。如果散热片阻塞,用水或蒸汽清洁器清洗并用压缩空气吹干。

第三步 冷却风扇检修

起动发动机,当冷却液温度达到95℃时,就车观察冷却风扇是否转动,当冷却液温度达到105℃时,观察风扇转速是否提高。如果风扇不工作或工作不正常,需要检查冷却风扇电路,包括检查冷却风扇ECU,检查连接线路、冷却风扇电动机及继电器。

(1)检查线路。

如图6-15所示检查线路。检查冷却风扇ECU连接器及线束是否安装牢固,线路是否断路或搭铁,如果异常则需要更换。

(2)检查熔断丝。

将熔断丝从仪表盘接线盒上拆下,目测观察熔断丝是否烧断。

(3)检查冷却风扇继电器。

如图6-16所示,从发动机舱继电器盒上取下冷却风扇继电器。使用万用表检查继电器电阻。如果结果不符合规定,则更换冷却风扇继电器。

(4)检查冷却风扇电动机。

①断开冷却风扇连接器。

②将蓄电池正极端子连接至冷却风扇连接器端子2,并且将蓄电池负极端子连接至冷却风扇连接器端子1。

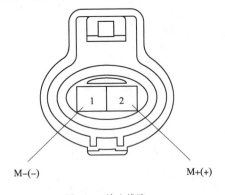
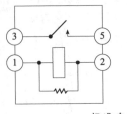
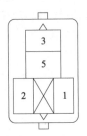

图 6-15 检查线路

图 6-16 检查继电器

检测仪连接	条 件	规 定 状 态
5—5	—	10kΩ或更大
5—5	—	小于1Ω(蓄电池电压施加在端子1和2上时)

③连接冷却风扇电动机连接器。

④如果冷却风扇电动机不工作,则更换冷却风扇电动机。

第四步 节温器检修

用非接触式红外温度检测仪检测(或手背触试)散热器和汽缸体温度。若散热器温度低,而气缸体温度很高,说明冷却液循环不良。打开水箱盖观察上水室进水口是否有水排出。若不排水说明水泵或节温器有故障。节温器工作不良,在发动机冷却液温度升高时,冷却液不经过散热器,只能进行小循环,因而汽缸体冷却液温度过高,而散热器温度却很低。此时,应更换节温器。

第五步 水泵检修

目视检查水泵处是否漏水。拆卸传动皮带,用手转动水泵皮带轮,如图 6-17 所示,检查并确认水泵轴承运转平稳无噪声。如果水泵漏水或者听到轴承异响,则应更换水泵。

(1)拆卸水泵。

①拆卸多楔带。

②拆卸发电机总成。

③拆下水泵总成,如图 6-18 所示。

a. 使用 10mm 套筒、接杆、棘轮扳手按对角顺序从正时链条盖上依次拆下 5 个螺栓,并取下水泵总成。

b. 从正时链条盖上拆下水泵衬垫。

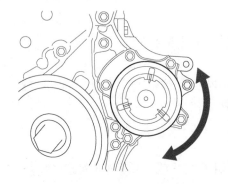

图 6-17 检查水泵运行情况

图 6-18 拆卸水泵

注意事项

水泵衬垫拆下后,如果汽缸体上有旧水泵衬垫的残留物,应使用铲刀将接合面清理干净。

(2)安装水泵。

①安装水泵总成。

a.将一个新水泵衬垫的凸出部分与正时链条盖上的切口对齐,并将衬垫嵌装到正时链条盖的凹槽中,如图6-19所示。

b.用5个固定螺栓将水泵暂时安装到正时链条盖上。再用10mm套筒、接杆、扭力扳手将5个固定螺栓按顺序紧固至24N·m,完成水泵总成安装。

②安装发电机总成。

③安装多楔带。

安装多楔带并调整其张紧力。检查并确认皮带正确安装在楔形槽中。

图6-19 嵌装水泵衬垫

学习小结

(1)冷却系统分为风冷系统和水冷系统,汽车发动机大多采用水冷系统。

(2)卡罗拉轿车强制水冷系统,主要由散热器、风扇、水泵、节温器和水套等部件组成。

(3)发动机在冷机状态时,发动机冷却液液位应在LOW和FULL刻度线之间。

项目评价

考评项目		自我评价	小组互评	教师评价
素质考评(20分)	劳动纪律(4分)			
	安全意识(4分)			
	环保意识(4分)			
	团队精神(4分)			
	协作能力(4分)			
技能考评(80分)	工量具使用(10分)			
	任务方案(15分)			
	实施过程(30分)			
	完成结果(15分)			
	工单填写(10分)			
合计(100分)				
综合评价(100分)				

学生签字:_____   组长签字:_____   教师签字:_____

项目七 机油故障灯亮的检查与更换

项目导入

如图7-1所示,汽车在行驶中机油故障灯亮,发动机机油压力下降,经检查发动机机油管路、机油滤清器、指示灯正常,初步确定是机油泵故障或油道堵塞,需要检查更换发动机机油泵等部件或清洗油道。

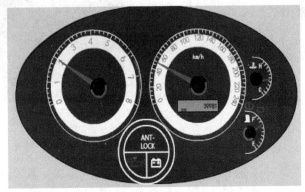

图7-1 机油故障灯亮

学习目标

一、知识目标

(1)通过对机油压力及发动机油道的检查,确定机油故障灯亮的拆检任务及要求。
(2)能描述发动机润滑系统的功用、组成、工作原理以及机油故障灯的控制原理、电路的识读方法等。

二、技能目标

会使用拆装工具对发动机润滑系统进行拆装、检查。

知识准备

一、发动机润滑系的认识

1.润滑系的功用

润滑系的功用就是在发动机工作时连续不断地洁净机油输送到全部传动件的摩擦表面,并在摩擦表面之间形成油膜,实现液体摩擦,从而减小摩擦阻力,降低功率损耗,减轻机件磨损,以达到提高发动机工作可靠性和耐久性的目的。润滑系的具体功用可归纳为以下七个方面。

(1)润滑功用:润滑运动零件表面,实现液体摩擦,减小零件的摩擦阻力和磨损,降低发动机的摩擦功率损失,如图7-2所示。

(2)清洗功用:润滑油在润滑系内不断循环,清洗摩擦表面,带走磨屑和其他异物,如图 7-3 所示。

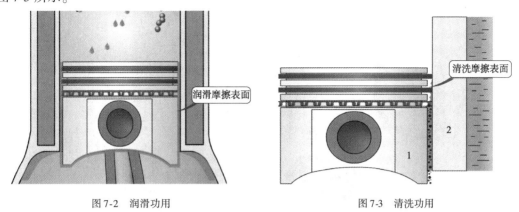

图 7-2　润滑功用

图 7-3　清洗功用
1-活塞;2-汽缸壁

(3)冷却功用:机油在润滑系内循环带走零件摩擦产生的热量,起到冷却作用,使零件温度不致过高,如图 7-4 所示。

(4)密封功用:在运动零件之间形成油膜,提高它们的密封性,有利于防止漏气或漏油,如图 7-5 所示。

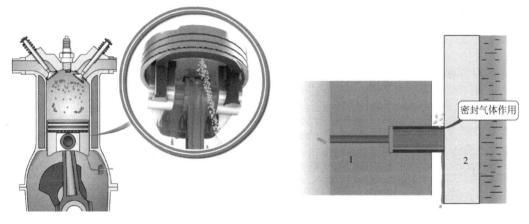

图 7-4　冷却功用

图 7-5　密封功用
1-活塞;2-汽缸壁

(5)防锈蚀功用:在零件表面形成油膜,对零件表面起保护作用,防止零件与水分、空气及燃气接触而发生氧化和锈蚀。

(6)液压功用:机油可用作液压油,起液压作用,如液压挺柱。

(7)减振缓冲功用:在运动零件表面形成油膜,利用油膜的不可压缩性,缓解配合件之间的冲击并减轻振动,起减振缓冲作用。

2.润滑方式

(1)压力润滑:利用机油泵,将具有一定压力的机油源源不断地送往摩擦表面的间隙中。主要应用于负荷大、运动速度高的零件。例如,曲轴主轴承、连杆轴承及凸轮轴轴承、摇臂等处形成油膜以保证润滑,如图 7-6 所示。

(2)飞溅润滑:利用发动机工作时运动零件飞溅起来的油滴或油雾来润滑摩擦表面的润滑方式,称为飞溅润滑,如图 7-7 所示。主要应用于裸露在外面承受载荷较小的零件(例如汽缸壁),相对滑动速度较小的零件(例如活塞销,以及配气机构的凸轮表面、挺柱等)得到润滑。

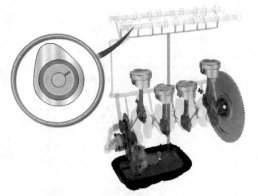

图7-6 压力润滑

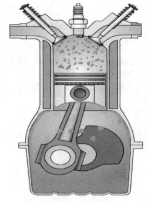

图7-7 飞溅润滑

(3)油脂润滑:对于负荷较小的发动机辅助装置,则只需定期、定量加注润滑脂进行润滑。主要应用于辅助机件,例如水泵、发电机轴承与汽车底盘等。近年来,在发动机上采用含有耐磨润滑材料(如尼龙、二硫化钼等)的轴承来代替加注润滑脂的轴承。

一般的汽车发动机同时采用两种以上的润滑方式,称为复合式润滑。

3.机油滤清方式

机油滤清方式通常有三种:全流式、分流式与并用式,如图7-8所示。

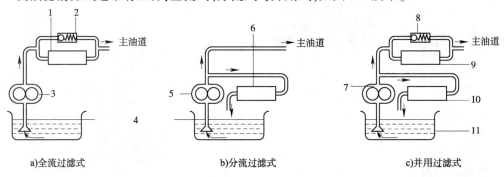

图7-8 机油滤清方式

1-机油滤清器;2-旁通阀;3-机油泵;4-油底壳;5-机油泵;6-机油滤清器;7-机油泵;8-旁通阀;9-机油粗滤器;10-机油细滤器;11-油底壳

(1)全流式:滤清器与主油道串联。从机油泵压送出的油全部经过滤清器供给各个摩擦部位,机油得到较好的清洁,若滤清器被堵塞,就会出现润滑不良的后果,因此在滤清器旁并联一个旁通阀,在滤清器被堵塞的情况下,可越过滤清器向各摩擦部位供油。丰田、标致、大众在发动机润滑系上采用了全流式滤清方式。

(2)分流式:滤清器与主油道并联。该方式仅将油路中的一部分油滤清,即滤清器与主油道并联的滤清方式。

(3)并用式:用两个滤清器,分别与主油道串、并联。该方式就是将全流式与分流式合起来使用。

4.润滑系的组成

润滑系一般由机油泵、油底壳、润滑油道、润滑油管、机油滤清器、机油散热器、机油压力表、机油标尺等组成,如图7-9所示。

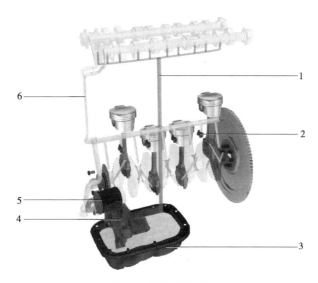

图 7-9 润滑系的组成
1-回油道；2-机油喷嘴；3-油底壳；4-机油泵；5-机油滤清器；6-油道

①机油泵：保证机油在润滑系内循环流动，并在发动机任何转速下都能以足够高的压力向润滑部位输送足够数量的机油。

②油底壳：存储机油的容器，一般位于曲轴箱下。

③机油滤清器：它由集滤器、粗滤器和细滤器组成，用来滤除机油中的金属磨屑、机械杂质和机油氧化物。

④主油道：直接在缸体与缸盖上铸出，向各润滑部位输出机油。

⑤机油冷却器：在热负荷较高的发动机上装备有机油冷却器，用来降低机油的温度，一般发动机是采用汽车行驶中的迎面空气流吹拂油底壳的方式来冷却机油的。

⑥阀类：在发动机的润滑油路中，设有各种阀，如限压阀、旁通阀、进油限压阀等，以确保润滑系正常工作。

⑦机油压力表和机油压力过低警告灯：用来指示机油压力，便于驾驶员能随时掌握润滑系的工作状况。当主油道内的油压低于 100kPa 时，警告灯点亮，应立即停车检查。

⑧机油尺：用来检查油底壳内油量和液面高低。它是一根金属杆，杆身制成扁平，并有刻线。机油液面必须处于油尺上下刻线之间。

（1）机油滤清器。

①机油滤清器的作用。

在机油循环过程中，机油滤清器能够滤去机油中的杂质，保持机油的清洁。

②机油滤清器的类型。

机油滤清器分集滤器、粗滤器、细滤器 3 种。过滤装置过多，会增加机油的运动阻力。一般润滑系内会装有几个功能不同的滤清器，分别与主油道串联或并联。

③集滤器：

a. 作用。

集滤器能滤去较大的机械杂质，防止机油泵早期磨损。

b. 结构。

集滤器由防护罩、滤网、浮子、固定管、吸油管等组成，如图 7-10 所示。

c. 工作原理。

机油泵工作时,机油被吸入罩和滤网间的狭缝中,较大的机械杂质在滤网处滤去,如图7-11所示。当滤网被杂质堵塞时,由于机油泵产生压力,使滤网被吸起,滤网中的圆孔和罩分离,此时机油不经滤网而直接从圆孔进入吸油管,保证机油泵不致断油。

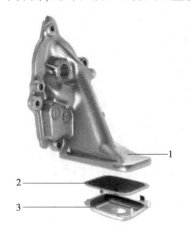

图7-10 集滤器结构
1-上壳体;2-滤网;3-防护罩

图7-11 集滤器工作原理
1-油底壳;2-集滤器;3-进油孔;4-金属滤网

(2)机油泵。

①机油泵的类型。

汽车上常用的机油泵有齿轮式和转子式两种,如图7-12所示。

②齿轮式机油泵的结构与工作原理。

齿轮式机油泵由壳体、驱动齿轮、主动齿轮、从动齿轮和轴承等组成,如图7-13所示。

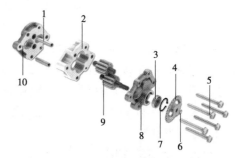

a)齿轮式机油泵　　b)转子式机油泵

图7-12 机油泵类型

图7-13 齿轮式机油泵结构
1-定位销;2-机油泵壳;3-轴承;4-机油泵链轮;5-螺栓;6-卡簧;7-卡簧;8-前盖;9-齿轮组;10-后盖

发动机工作时,机油泵的传动齿轮带动主动齿轮轴和从动齿轮旋转,与主动齿轮啮合的被动齿轮也随之旋转。旋转时,进油腔内产生真空,吸入机油,通过两齿轮的间隙,将机油带到出油腔,机油在出油腔内受两齿轮轮齿的挤压力产生压力,将机油送到滤清器。经滤清的机油经油道流到运动件表面进行润滑,如图7-14所示。

③转子式机油泵的结构与工作原理。

转子式机油泵由外转子、内转子及驱动内转子的转子轴组成,如图7-15所示。外转子与泵壳为滑动配合,是从动件;内转子与转子轴固定,是主动件。内转子比外转子少一个齿,外转子可在油泵壳体内自由转动,内、外转子轴心有一个偏心距,安装后相互构成4个容积不等的油腔。

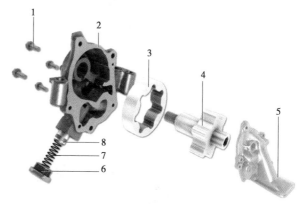

图7-14 齿轮式机油泵工作原理

图7-15 转子式机油泵结构
1-螺钉;2-壳体;3-外转子;4-内转子;5-集滤器;6-螺塞;7-限压阀弹簧;8-限压阀

发动机工作时,内转子带外转子转动,内转子4个齿一边转、一边在外转子的内弧面上滑动,内转子的转速大于外转子,使4个油腔大小呈周期性变化。转子转到靠近出油口时,容积逐渐变小,油压升高而将机油压出;转子转到靠近进油口时,容积逐渐变大,形成真空而将机油吸入,如图7-16所示。

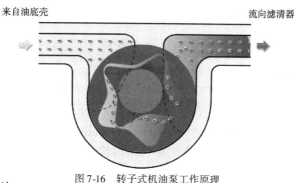

图7-16 转子式机油泵工作原理

(3)机油压力开关。
①机油压力开关的结构。
机油压力开关主要由外壳、膜片、弹簧、触点、进油口等组成,如图7-17所示。

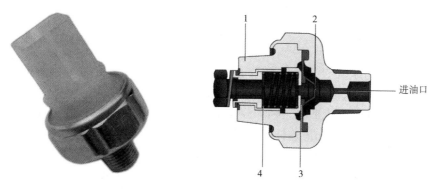

图7-17 机油压力开关组成
1-外壳;2-膜片;3-触点;4-弹簧

②机油压力开关的工作原理。

当机油压力正常时,膜片弹簧克服弹簧作用力,使触点断开,灯泡熄灭。当机油压力低于正常值时,弹簧推动膜片,使触点闭合,灯泡点亮,如图7-18所示。

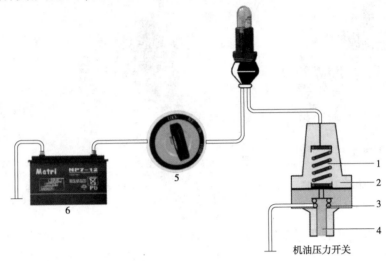

图7-18 机油压力开关工作原理
1-弹簧;2-膜片;3-触点;4-机油压力通道;5-点火开关;6-蓄电池

二、机油

目前,机油分类体系以美国石油协会(API)品质分类系统和美国工程师协会(SAE)黏度分类系统的使用最为广泛。

例如,某发动机机油牌号为 API SJ/SAE 5W-40,其中 API 表示美国石油协会对机油品质等级的评定标准,S 表示汽油机油,J 表示级别,有 APISA、SB、SC、SE、SF、SG、SH、SJ、SL,字母越往后,油品档次越高。在选用机油的时候,要严格按照汽车使用说明书所规定的机油使用级别选用,若无相同级别的机油,可以使用高一级的机油,但不能用低级别的代替。机油牌号中"SAE"表示美国汽车工程师协会对机油黏度的等级规定。5W 表示油品的使用温度范围,有 0W、5W、10W、15W、20W、25W 等,数字越小表示其低温流动性越好,越能在低温条件下工作。40 表示机油在 100℃ 时的黏度,级别有 20、30、40、50、60,数字越大其黏度越高,SAE 5W-40 说明此油低温流动性能好,符合 5W 要求,100℃ 时黏度在 40 号范围内。选用机油时,应根据厂家提供的维修手册的要求来选用。

三、润滑系统油路

采用复合式润滑系统的汽油发动机润滑油路:发动机工作时,油底壳内的机油经集滤器滤掉粗大的机械杂质后,被机油泵压入机油滤清器,分三路送出,如图7-19所示。

第一路经主油道后送入曲轴主轴承分油道,润滑主轴承,经曲轴内斜向油道进入轴颈润滑连杆轴承,经连杆内油道润滑连杆小端轴承、活塞销,然后流回油底壳。

第二路从主油道进入凸轮轴的轴承后润滑气门机构,然后流回油底壳。

第三路在主油道油压太高或流量太大的情况下,机油冲开限压阀,分流回油底壳。

机油滤清器上设有旁通阀,当机油滤清器堵塞、压力大于 0.18MPa 时,机油直接进入主油道,防止发动机运动副因缺机油而烧坏。

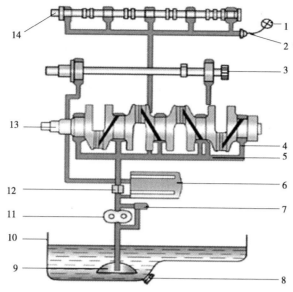

图 7-19 润滑系统油路

1-机油压力指示灯;2-压力开关;3-中间轴;4-油道;5-主油道;6-机油滤清器;7-限压阀;8-放油塞;9-集油器;10-油底壳;11-机油泵;12-旁通阀;13-曲轴;14-凸轮轴

 项目实施

一、实施路径

(1)第一步:拆卸和安装油底壳。
(2)第二步:拆卸和安装机油泵。
(3)第三步:检查机油压力和油压开关。

二、实施方案

(1)课时建议:12 学时(按实际维修工时要求)。
(2)教学环境:一体化教学实训中心。
(3)质量要求:参照厂家的质量标准要求。
(4)组织方式:学生自由组合,每 4~6 位同学为一组。
(5)生产准备,每组配备的工具及设备:
①场地,具有消防设施的实训维修车间。
②举升机,安全支座,套装常用工具、专用工具、平刮刀。
③轿车、维修作业台等。
④耗材:清洁布等。
(6)实训作业要求。
具体要求见项目一,这里不再赘述。

三、实施步骤

第一步 拆卸和安装油底壳

1.拆卸油底壳
(1)排放发动机机油。

注意事项

注意废弃物处理规定。

(2)拆卸油底壳下方的支架。

(3)拧下油底壳螺栓,拆下油底壳下部支架。拆下油底壳,如有必要,必须用橡胶锤子轻轻敲打,以松开油底壳。

(4)用平刮刀去除汽缸体上的密封剂残余物,用一可旋转的刷子去除油底壳上的密封剂残余物,例如带塑料刷子头的手电钻(操作时应戴上防护眼镜)。

(5)清洁密封面。密封面上必须无油脂。

2. 安装油底壳

注意事项

1. 注意密封剂的有效截止日期。
2. 油底壳必须在涂抹密封剂后3min内安装。

(1)将管子喷嘴前面的标记处剪开(喷嘴直径约3mm),如图7-20所示。

(2)如图7-20所示,将密封剂涂到油底壳干净的密封面上。密封剂带必须为3~4mm粗,如图7-20所示。

(3)安装油底壳,并拧紧螺栓。

注意事项

密封剂带不允许过厚,否则多余的密封剂会进入油底壳并且堵塞机油泵吸管中的滤网。

第二步　拆卸和安装机油泵

(1)拆下油底壳和防溅板,如图7-21所示。

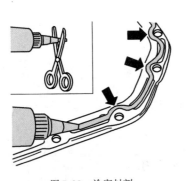 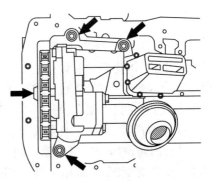

图7-20　涂密封剂　　　　图7-21　拆装油底壳和防溅板

(2)旋出链轮固定螺栓,从机油泵轴上拔下链轮,再旋出剩余的螺栓,并取下机油泵。

(3)安装以倒序进行,将定位销套装到机油泵上端。

(4)安装防溅板和油底壳。

注意事项

油泵轴/链轮只能在一个位置上安装。

第三步　检查机油压力和油压开关

(1)拆下油压开关(F1),将检测设备取代油压开关旋入机油滤清器支架中。

> **注意事项**
> 检查之前应确保机油油位正常,冷却液温度至少为80℃(散热风扇必须运行过一次)

(2)检测设备的棕色导线搭铁情况。

(3)将二极管检测指示灯 VAG 1572B 用 VAG 1594A 中的辅助导线连接到蓄电池正极(+)和油压开关上。

(4)发光二极管不得亮起。

如果发光二极管亮起,更换1.4bar❶油压开关 F1。

如果发光二极管不亮,起动发动机并提高转速,发光二极管必须在1.4~1.6bar 之间亮起,否则更换油压开关;继续提高转速,在转速为2000r/min 且机油温度为80℃时,机油表压力应位于2.7~4.5bar,转速更高时机油过压不允许超过7.0bar。

学习小结

(1)润滑油主要作用有:润滑、清洗、冷却、密封、防锈蚀、液压、减振。

(2)根据发动机中各运动副工作条件的不同,发动机一般采用压力润滑和飞溅润滑两种润滑方式。

(3)润滑系统一般由机油泵、机油滤清器、限压阀及旁通阀、机油散热器、油底壳、压力开关(传感器)和机油压力指示灯等组成。

(4)外啮合齿轮和内啮合转子式机油泵是润滑系中广泛采用的两种泵。

项目评价

考评项目		自我评价	小组互评	教师评价
素质考评(20分)	劳动纪律(4分)			
	安全意识(4分)			
	环保意识(4分)			
	团队精神(4分)			
	协作能力(4分)			
技能考评(80分)	工量具使用(10分)			
	任务方案(15分)			
	实施过程(30分)			
	完成结果(15分)			
	工单填写(10分)			
合计(100分)				
综合评价(100分)				

学生签字:_____   组长签字:_____   教师签字:_____

---

❶ 1bar = 10^5 Pa。

项目八 配气机构异常的检查与更换

项目导入

一辆行驶里程 14 万 km 的轿车,怠速运行几分钟后,就会出现怠速忽高忽低的现象,转速为 750~1100r/min,并且无规律。初步确定为配气机构工作不良,需要检查更换发动机配气机构相关零部件,如图 8-1 所示。

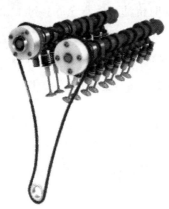

图 8-1 配气机构

学习目标

一、知识目标

(1)能通过对配气机构的检查,确定配气机构的拆检任务及要求。
(2)通过查阅发动机维修手册,能描述发动机配气机构的功用、组成、工作原理等。

二、技能目标

能使用相关工具,完成发动机配气机构的检查与更换。

知识准备

一、配气机构的功用

按照发动机每个汽缸内所进行的工作循环和发火次序的要求,定时开启和关闭汽缸的进、排气门,使新鲜可燃混合气(汽油机)或空气(柴油机)得以及时进入汽缸、废气得以及时从汽缸排出。

在进气行程中,实际进入汽缸内的新鲜空气或可燃混合气的质量与在进气系统进口状态下充满汽缸工作容积的新鲜空气或可燃混合气的质量之比为充气系数,用 η_v 来表示。

$$\eta_v = M/M_0$$

式中:M——进气过程中,实际进入汽缸的新气的质量;

M_0——在理想状态下,充满汽缸工作容积的新气质量。

充气系数大,表明充入的混合气质量多,燃烧后发出热量多,发动机功率亦大。但由于进气系统的阻力及缸内残余废气等诸多因素的影响,充气系数 η_v 是小于 1 的。

二、配气机构的组成

发动机配气机构的基本组成可分为两部分:气门组和气门传动组。

三、配气机构的形式

凸轮式配气机构由气门组和气门传动组组成。配气机构可以从不同角度分类,如图 8-2 所示。

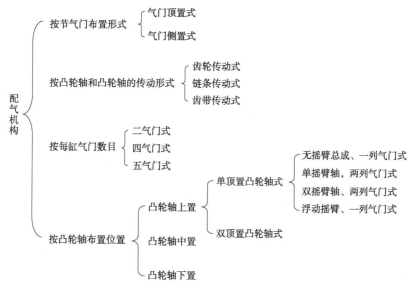

图 8-2　配气机构分类

1. 凸轮轴上置式

凸轮轴上置式(凸轮轴位于缸盖上)配气机构,如图 8-3 所示。

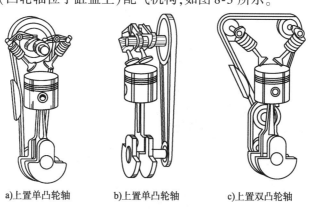

a)上置单凸轮轴　　b)上置单凸轮轴　　c)上置双凸轮轴

图 8-3　凸轮轴上置式配气机构

这种结构中,凸轮轴直接驱动摇臂或气门,不仅省去了挺柱和推杆,而且使往复运动质量大为减小,因此适用于高速发动机。但正时传动机构更为复杂,且拆装缸盖也较困难。由于凸轮轴离曲轴较远,一般都采用链传动或带传动。一汽奥迪、一汽大众捷达和上海桑塔纳等轿车的配气机构均采用此种结构。

凸轮轴顶置式配气机构根据凸轮轴数通常分为单顶置凸轮轴式和双顶置凸轮轴式两种。

1) 单顶置凸轮轴式配气机构

单顶置凸轮轴式配气机构有很多的布置形式,但都是用一根安装在汽缸盖上的凸轮轴,通过挺杆直接(无摇臂总成)或间接(有摇臂总成)驱动所有汽缸的进气门或排气门。

(1) 单顶置凸轮轴、无摇臂总成、一列气门式配气机构,如图8-4所示。

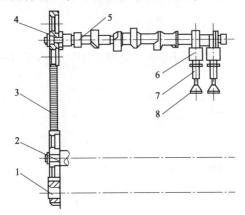

图8-4 单顶置凸轮轴、无摇臂总成、一列气门式配气机构

1-曲轴正时带轮;2-中间轴正时带轮;3-正时传动带;4-凸轮轴正时传动带轮;5-凸轮轴;6-液力挺杆;7-气门弹簧;8-气门

凸轮轴通过液力挺杆直接驱动气门开启,气门传动组不但没有推杆,也取消了摇臂总成,使配气机构更简单,这种结构形式在轿车发动机上的应用越来越广泛。

捷达(AMQ)轿车单顶置凸轮轴、无摇臂总成、一列气门式配气机构,其结构组成如图8-5所示。

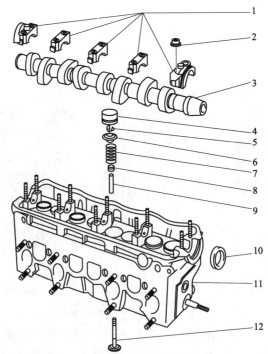

图8-5 捷达(AMQ)轿车配气机构组成

1-凸轮轴轴承盖;2-螺母;3-凸轮轴;4-液力挺杆;5-气门锁块;6-气门弹簧上座;7-气门弹簧;8-气门杆油封;9-气门导管;10-油封;11-缸盖;12-气门

(2)单顶置凸轮轴、单摇臂轴、两列气门式配气机构如图8-6所示。

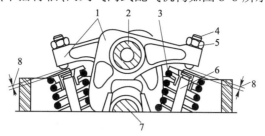

图8-6 单顶置凸轮轴、单摇臂轴、两列气门式配气机构
1-摇臂;2-摇臂轴;3-气门弹簧;4-气门间隙调整螺钉;5-锁止螺母;6-气门;7-凸轮轴;8-气门间隙

(3)单顶置凸轮轴、双摇臂轴、两列气门式配气机构。有些发动机的配气机构,进、排气门排成两列,但采用单顶置凸轮、双摇臂轴、两列气门式配气机构。摇臂驱动、单凸轮轴上置式配气机构如图8-7所示。

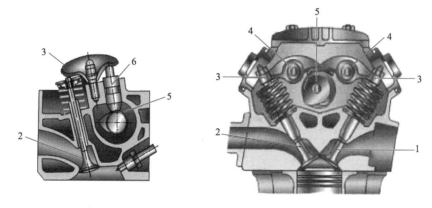

图8-7 摇臂驱动、单凸轮轴上置式配气机构
1-进气门;2-排气门;3-摇臂;4-摇臂轴;5-凸轮轴;6-液力挺柱

(4)单顶置凸轮轴、浮动摇臂、一列气门式配气机构,如图8-8所示。

2)双顶置凸轮轴配气机构

双顶置凸轮轴配气机构,如图8-9所示。

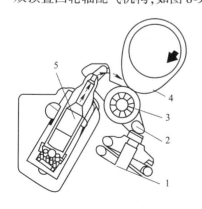 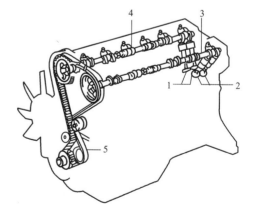

图8-8 单顶置凸轮轴、浮动摇臂、一列气门式配气机构
1-气门;2-摇臂;3-滚动轴承;4-凸轮轴;5-液力挺杆

图8-9 双顶置凸轮轴配气机构
1-排气门;2-进气门;3-进气凸轮轴;4-排气凸轮轴;5-正时齿带

双顶置凸轮轴配气机构的特点是用两根凸轮轴分别驱动排成两列的进气门和排气门,

此结构形式多用在多气门发动机上。与单顶置凸轮轴式配气机构类似，可通过凸轮轴直接驱动气门，也可通过摇臂间接驱动气门。

奥迪 A6、帕萨特 B5 和捷达（AHP）等轿车均采用这种形式的配气机构，其结构组成如图 8-10 所示。

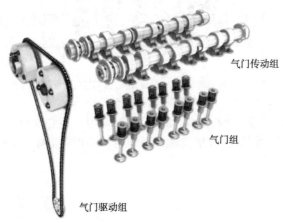

图 8-10　奥迪 A6、帕萨特 B5 和捷达（AHP）等轿车的配气机构组成

2. 凸轮轴下置式

凸轮轴下置式配气机构的组成，如图 8-11 所示。

（1）气门组的组成。

气门组的组成与配气机构的形式基本无关且大致相同，主要零件包括气门 11、气门座 15、气门导管 14、气门弹簧 13 和气门锁片 9 等。

（2）气门传动组组成。

气门传动组的组成包括驱动气门动作的所有零件，其组成视配气机构的形式不同而异，主要零件包括正时齿轮（或正时链轮和传动链，或正时带轮和传动带）、凸轮轴 2、气门挺杆 3、推杆 4、摇臂轴 6 和摇臂 8 等。

四、配气相位

1. 配气相位的定义

配气相位是用曲轴转角表示的进、排气门的开启时刻和开启延续时间，通常用环形图表示，即配气相位图，如图 8-12 所示。

2. 配气相位的形式

为了使进气充足、排气干净，除了从结构上进行改进外（如增大进、排气管道），还可以从配气相位上想办法，让气门早开晚闭，延长进、排气时间。

（1）气门早开晚闭。

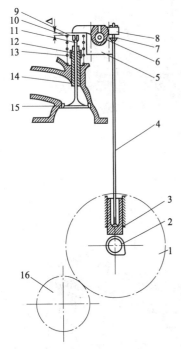

图 8-11　凸轮轴下置式配气机构的组成
1-凸轮轴正时齿轮；2-凸轮轴；3-挺杆；4-推杆；5-摇臂轴支架；6-摇臂轴；7-调整螺钉及锁紧螺母；8-摇臂；9-气门锁片；10-弹簧座；11-气门；12-防油罩；13-气门弹簧；14-气门导管；15-气门座；16-曲轴正时齿轮

活塞到达进气下止点时，由于进气吸力的存在，汽缸内气体压力仍然低于大气压，在大气压的作用下仍能进气；另外，此时进气流还有较大的惯性。由此可见，进气门晚关可

以增加进气量。进气门早开,可使进气一开始就有一个较大的通道面积,可增加进气量。

在做功行程快要结束时,排气门打开,可以利用做功的余压使废气高速冲出汽缸,排气量约占50%。排气门早开,势必造成功率损失,但因气压低,损失并不大,而早开可以减少排气所消耗的功,又有利于废气的排出,所以总功率仍是提高的。

由此可见,气门具有早开晚关的可能,气门早开晚关对发动机实际工作的好处如下。

进气门早开:增大了进气行程开始时气门的开启高度,减小进气阻力,增加进气量。

进气门晚关:延长了进气时间,在大气压和气体惯性力的作用下,增加进气量。

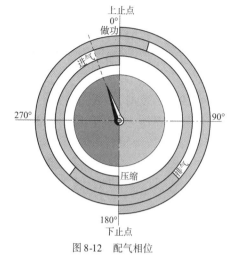

图 8-12　配气相位

排气门早开:借助汽缸内的高压自行排气,大大减小了排气阻力,使排气干净。

排气门晚关:延长了排气时间,在废气压力和废气惯性力的作用下,使排气干净。

(2)气门重叠。

由于进气门早开、排气门晚关,势必造成在同一时间内两个气门同时开启。两个气门同时开启时对应的曲轴转角叫作气门重叠角。进气门的叠开角为 $\alpha+\delta$、排气门的叠开角为 $\gamma+\beta$。在这段时间内,可燃混合气和废气不会乱窜,原因如下:

①进、排气流各自有自己的流动方向和流动惯性,而重叠时间又很短,不至于混乱,即吸入的可燃混合气不会随同废气排出,废气也不会经进气门倒流入进气管,而只能从排气门排出。

②进气门附近有降压作用,有利于进气。

(3)进、排气门的实际开闭时刻和延续时间。

实际进气时刻和延续时间:在排气行程接近终了时,活塞到达上止点前,即曲轴转到离上止点还差一个角度 α,进气门便开始开启,进气行程直到活塞越过下止点后 β 时,进气门才关闭。整个进气过程延续时间相当于曲轴转角 $180°+\alpha+\beta$。

实际排气时刻和延续时间:同样,做功行程接近终了时,活塞在下止点前排气门便开始开启,提前开启的角度为 γ,活塞越过下止点后 δ 角,排气门关闭,整个排气过程相当曲轴转角 $180°+\gamma+\delta$。

从上面的分析可以看出,实际配气相位和理论上的配气相位相差很大,实际配气相位,气门要早开晚关,主要是为了满足进气充足、排气干净的要求。实际中,根据各种车型,经过实验确定气门开关时间,并由凸轮轴的形状、位置及配气机构来保证。

发动机使用中,已确定的配气相位是不能改变的,因此,发动机性能只有在某常用转速下才最好,而在其他转速下工作时,发动机性能较差。为解决上述问题,有些汽车发动机上采用了可变配气相位控制机构。

由于进气门配气相位对发动机性能的影响比排气门大,所以各种发动机装用的可变配气相位控制一般只控制进气门配气相位(也有同时控制的),以免使配气机构过于复杂。此外,变换驱动凸轮或改变凸轮轴与曲轴相对位置,均可实现配气相位的调节。

五、气门间隙

1. 气门间隙的定义

发动机工作时,气门将因温度升高而膨胀。如果气门及其传动件之间,在冷态时无间隙或间隙过小,则在热态下,气门及其传动件的受热膨胀势必引起关闭不严,造成发动机在压缩和做功行程中漏气,从而使功率下降,严重时甚至不易起动。为了消除这种现象,通常在发动机冷态装配时,在气门与其传动机构中留有适当的间隙,以补偿气门受热后的膨胀量,这一间隙通常称为气门间隙。有的发动机采用液力挺柱,挺柱的长短能自动变化,随时补偿膨胀量,故不需要留气门间隙,如图8-13所示。

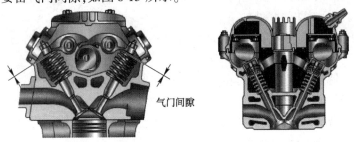

图8-13 气门间隙

2. 气门间隙的确定

气门间隙的大小一般由发动机制造厂根据试验确定。气门间隙的检查调整通常是在冷态下进行。一般内燃机都规定有冷态的气门间隙值,也有内燃机规定有热车间隙。热车时的间隙比冷态时小0.05mm。各种内燃机由于构造和温度的不同,气门间隙的数值也不相同。由于排气门温度比进气门高,所以排气门的间隙比进气门要大。一般在冷态时,进气门的间隙为0.25~0.3mm,排气门的间隙为0.3~0.35mm。如果间隙过小,发动机在热态下可能发生漏气,导致功率下降甚至气门烧坏。如气门间隙过大,则使传动件之间以及气门和气门座之间将产生撞击、响声,而且加速磨损,同时也会使得气门开启的持续时间减小,汽缸的充气及排气情况变坏。

调整气门间隙时,必须使活塞处于压缩冲程上止点附近,此时进、排气门都处于关闭状态。对于多缸内燃机,一般确定第一缸上止点,调整好第一缸的气门间隙后,再根据该机的工作顺序和点火间隔角,依次对各缸的气门间隙进行调整。

六、气门组

气门组零件主要包括气门、气门座、气门导管和气门弹簧等,如图8-14所示。

1. 气门

气门由头部与杆部两部分组成,头部用来封闭汽缸的进、排气通道,杆身主要为气门的运动导向,如图8-15所示。

(1)气门头部。

气门头部由于工作温度很高(进气门温度可达300~400℃,排气门可达800~930℃),还要承受气体压力、气门弹簧张力和运动惯性力,同时冷却和润滑条件又差,因此,对气门的结构和性能要求很高。进气门常采用合金钢制造,排气门则采用耐热合金钢制造。

①气门头顶部的形状。

气门头顶部的形状一般有平顶、凹形顶、球面顶等,如图8-16所示。平顶制造方便,吸热面积小,进、排气门都可采用,使用最多。球面顶强度高,排气阻力小,废气的清除效果好,适用于排气门;但其受热面积大,质量较大,加工较复杂。凹形顶头部与杆身的过渡部分为流线型,可减小进、排气阻力;但受热面积较大。一汽奥迪100型发动机进、排气门均为凹形顶气门头。

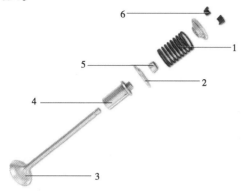 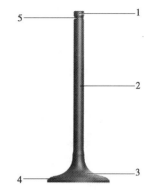

图8-14 气门组组成
1-气门弹簧;2-弹簧座;3-气门;4-气门导管;5-气门油封;6-气门锁片

图8-15 气门结构
1-气门尾部;2-气门杆;3-气门头部;4-密封锥面;5-锁片环槽

② 气门锥面与锥角。

气门头部与气门座接触的工作面,是与杆身同心的锥面。通常将这一锥面与气门顶平面的夹角称为气门锥角,如图8-17所示。

a)平顶型　b)凹面型　c)球面型

图8-16 气门头部类型

图8-17 气门锥角
1-杆身;2-头部

气门锥角一般做成45°。有的发动机(如解放CA6102型汽油机)进气门锥角做成30°,这是考虑到在气门升程相同的情况下,气门锥角较小时,气流通过断面较大,进气阻力较小。但锥角较小的气门头部边缘较薄,刚度较小,会使气门头部与气门座的密封性及导热性降低。排气门因热负荷大,一般采用45°锥角,以加强散热,避免受热变形。气门锥角对气门口通道截面的影响,如图8-18所示。

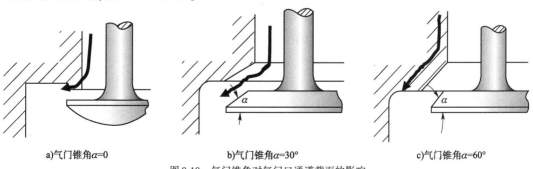

a)气门锥角α=0　　b)气门锥角α=30°　　c)气门锥角α=60°

图8-18 气门锥角对气门口通道截面的影响

③气门头边缘厚度。

如图 8-19 所示,气门头的边缘应保持一定的厚度,一般为 1~3mm,以防止工作中冲击损坏和被高温烧蚀。为增加进气通道面积、提高充气效率,多数发动机进气门的头部直径做得比排气门大。为保证气门头部与气门座的良好密合,装配前应将两者的密封面互相研磨,研磨好的气门不能互换。

(2)气门杆部。

气门杆部呈圆柱形,在气门导管中往复运动,表面经热处理后磨外圆,以保证与导管的配合精度。气门杆身的尾部形状决定于弹簧座在气门上的固定方,如图 8-20 所示。

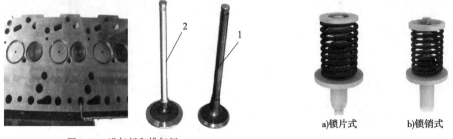

图 8-19 进气门和排气门
1-排气门;2-进气门

图 8-20 气门弹簧座的固定方式

2. 气门座

进、排气门道口直接与气门密封锥面接触的部位称气门座。其功用是与气门配合,使汽缸密封。

多数发动机的气门座单独制成座圈,然后压装到燃烧室内的进、排气道口处,气门座圈与座孔有足够的过盈配合量,以防止发动机工作时气门座脱落。

为保证气门与气门座可靠密封,气门座上加工有与气门相适应的锥面,气门座的锥面包括三部分,如图 8-21 所示,45°(或 30°)锥面是与气门密封锥面配合的工作面,宽度 b 为 1~3mm,15°锥面和 75°锥面是用来修正工作面位置和宽度的。

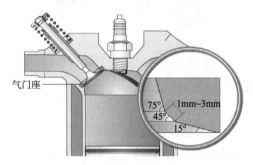

图 8-21 气门座结构

3. 气门弹簧

气门弹簧的功用是使气门关闭并与气门座压紧,同时还可以在气门开启或关闭过程中,使气门传动组零件紧密连接,防止因惯性力分离而产生异响。

气门弹簧为圆柱螺旋弹簧,弹簧两端磨平,装配后弹簧一端支撑在汽缸盖上,另一端靠气门弹簧座和锁片或锁销与气门杆定位。气门弹簧的类型,如图 8-22 所示。

等螺距弹簧是最简单的一种,但使用中容易因振动而折断。变螺距弹簧各圈之间的螺距不等,安装时其螺距较小的一端应朝向汽缸盖。采用内、外两个双气门弹簧时,两弹簧的旋向相反,以防止工作时一个弹簧卡入另一个弹簧中,一般内弹簧弹力比外弹簧小,如图 8-23 所示。

4. 气门导管

气门导管的功用是给气门的运动导向,并将气门杆所承受的热量传给汽缸盖,如图 8-24 所示。

螺距相等、直径相等　　　　内、外弹簧旋向相反　　　　上、下螺距不等
a)圆柱形螺旋弹簧　　　　　　b)双弹簧　　　　　　　　c)变螺距弹簧

图 8-22　气门弹簧的类型

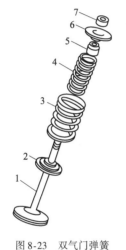 

图 8-23　双气门弹簧　　　　　　　　　　　图 8-24　气门导管结构
1-气门;2-气门弹簧下座;3-外弹簧;4-内弹簧;5-气
门油封;6-气门弹簧上座;7-簧座锁片

（1）气门导管结构。

气门导管为一空心管状结构,气门导管压装在汽缸盖上的导管孔中,其外圆柱面与导管孔的配合有一定的过盈量,以保证良好的传热性能和防止松脱。有些发动机为防止气门导管脱落,利用卡环对气门导管定位。气门导管的下端伸入气道,为减少对气流造成的阻力,伸入气道的部分制成锥形。

气门导管内孔与气门杆之间为间隙配合,为防止机油从气门杆与气门导管的间隙中漏入燃烧室,在气门导管上端安装气门油封。

（2）气门导管的检修方法。

气门导管磨损后,与气门杆的配合间隙增大,导致气门工作时摆动,关闭不严。

气门导管的磨损情况可通过测量气门导管与气门杆配合间隙间接检查,配合间隙的检查有两种方法:

①直接测量气门导管内径和气门杆直径,并计算其配合间隙。

②先把气门安装在气门导管内,再将气门提起 10～15mm（相对汽缸盖平面）,然后用百分表测量气门头部摆动量,如图 8-25 所示。

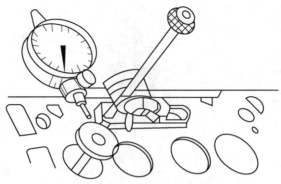

图 8-25 测量气门头部的摆动量

气门导管与气门杆配合间隙若超过允许极限时,可换用一个新气门重新进行检查,根据测量结果视情况确定更换气门或气门导管,必要时两者一起更换。

项目实施

一、实施路径

(1)第一步:发动机配气机构的拆装。
(2)第二步:配气相位的检查与调整。
(3)第三步:气门间隙的检查与调整。
(4)第四步:气门与气门座圈的检修。
(5)第五步:气门导管的检修。

二、实施方案

(1)课时建议:30 学时(按实际维修工时要求)。
(2)教学环境:一体化教学实训中心。
(3)质量要求:参照厂家的质量标准要求。
(4)组织方式:学生自由组合,每 4~6 位同学为一组。
(5)生产准备,每组配备的工具及设备:
①场地,消防设施的实训维修车间。
②举升机,安全支座,套装常用工具、专用工具。
③汽车发动机、拆装工作业台等。
④仪器:百分表及磁性表座等。
⑤耗材:清洁布等。
(6)实训作业要求。
具体要求同项目一,这里不再赘述。

三、实施步骤

第一步　发动机配气机构的拆装

1.配气机构的分解(以气门上置式凸轮轴式的拆装为例)
(1)卸下凸轮轴轴承盖紧固螺母,取出凸轮轴。
(2)取出液力挺柱,用专用工具或自制工具压下气门弹簧座,取出气门锁片和内外气门弹簧,以及气门油封和气门。

2. 配气机构的安装

(1) 安装气门。

安装气门前应检查气门和导管的配合间隙为 0.035~0.070mm。气门导管装上新的气门油封,安装气门油封时,要套上塑料管,再用专用工具压入。然后装上气门弹簧座,在气门杆部涂以机油,插入气门导管,注意不要损伤油封,最后装上气门弹簧(弹簧旋向相反)和锁片。锁片装好后,用塑料锤轻敲几下,以确保锁止可靠。

(2) 安装凸轮轴和油封。

① 安装好桶式液力挺柱,装好凸轮半圆键,将凸轮轴颈涂少许润滑油放入缸盖各轴承座上。

② 安装凸轮轴时,第一缸的凸轮必须朝上。

③ 安装凸轮轴轴承盖时,注意轴孔上下两半对准。

④ 先交替拧紧中间轴承盖,然后再交替向外拧紧其他轴承盖,拧紧力矩为 20N·m。

⑤ 凸轮轴与支撑孔间隙为 0.06~0.08mm,轴向间隙应小于 0.15mm。

⑥ 在密封圈唇边和外圈涂油,将密封圈平压入,注意不要压到底,否则会堵塞油道。

⑦ 放入半圆键,安装凸轮轴正时齿轮,并用 80N·m 的转矩加以紧固。

> **注意事项**
> 安装凸轮时,第一缸的凸轮必须朝上;凸轮轴转动时,曲轴不可置于上止点,否则会损坏气门或活塞顶部。

第二步 配气相位的检查与调整

1. 配气相位的检测方法

(1) 将各缸进、排气门的气门间隙调整好。

(2) 按点火顺序摇转曲轴,先将第一缸的活塞处于排气终了位置。将支架百分表的侧头触及摇臂的上端,对准气门杆中心。转动百分表盘,使表针指 0 位。然后慢慢转动曲轴,使气门关闭,此时表针由 0 上升的刻度值,就是该气门的早开或迟闭的微开间隙。

> **注意事项**
> 顺时针旋转曲轴,排气门逐渐关闭,进气门逐渐打开。因此:
> 1. 测量排气门迟闭间隙,要顺时针旋转曲轴。
> 2. 测量进气门早开间隙,要逆时针转动曲轴。

(3) 测量时做好记录并分析结果。

2. 配气相位的调整方法

调整配气相位,要根据导致配气相位产生误差的因素和误差的情形,采取相应的调整措施。

(1) 如果是个别气门开启、关闭得偏早或偏晚,可采取调整气门间隙的方法解决。纠正偏晚则将气门间隙适当调小,纠正偏早则将气门间隙适当调大。

(2) 如果出现各缸进、排气门的微开量各不相同,且都不符合规定或超差,这种情形多为凸轮轴弯曲变形和凸轮磨损严重,应修磨或更换凸轮轴。

(3) 如果各缸的进气门配件相位都比排气门配气相位大,这表明配气相位比标准早,应当推迟。反之,则表明配气相位比标准迟,应当适当提早。这时,可根据偏差的大小采取如下解决方法:

①偏移凸轮轴键法。
②凸轮轴正时齿轮轴向移动法。
③改变正时齿轮键槽位置法。
④更换凸轮轴。

第三步　气门间隙的检查与调整

1. 气门间隙的检查

(1) 摇转曲轴,使被检查气门处于完全关闭状态。

(2) 用符合气门间隙值的塞尺插入气门尾部与气门摇臂之间,来回抽动塞尺检查,以抽动时稍有阻力为合适。

2. 气门间隙的调整

(1) 逐缸调整法。

①拆下气门室罩,慢慢地摇转曲轴,当第一缸两气门完全关闭时,观察并使正时齿轮室罩指针的零位与曲轴带轮上的三角槽对准,如图8-26所示,或发动机飞轮上的"1—6"标志与飞轮壳上的刻线重合,如图8-27所示,此时第一缸活塞处于压缩行程下止点。

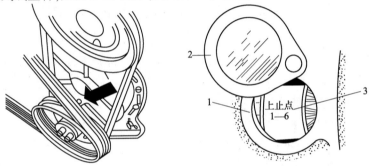

图8-26　带轮上的正时记号　　　　图8-27　飞轮上的正时记号
1-飞轮壳刻线;2-盖板;3-飞轮

②旋松该缸进、排气门调整螺钉的锁紧螺母,并旋松调整螺钉。

③用符合气门间隙的塞尺片,插入气门杆尾部与气门摇臂之间,边旋入调整螺钉,边抽动塞尺片,至拉动尺片感觉有阻力时为止。

④固定调整螺钉,拧紧锁紧螺母,并复检一次。

⑤按发动机的工作顺序,摇转曲轴120°(四缸发动机为180°),依次使下一缸处于压缩行程上止点,调整该缸进、排气门间隙。

(2) 两次调整法——"双排不进法"。

①可参照上述方法找出第一缸压缩行程上止点。此发动机为飞轮"OT"刻线与飞轮壳上的刻线对齐。

②根据发动机的工作顺序,可调气门见表8-1。

可　调　气　门　　　　　表8-1

缸　号	1	5	3	6	2	4
可调气门	双	排	排	不	进	进

③对各可调气门间隙进行调整(调整方法同前)。

④将曲轴摇转360°,使第6缸处压缩行程上止点位置,可调气门见表8-2。

⑤再用塞尺复检一次。

可 调 气 门　　　　　　　　　　　　　　　表 8-2

缸　号	6	2	4	1	5	3
可调气门	双	排	排	不	进	进

第四步　气门与气门座圈的检修

1. 气门的检修

(1) 气门的拆装。

拆装气门时,必须先使用专用气门拆装工具钳压缩气门弹簧,然后拆下或装上气门锁片或锁销,并慢慢放松气门弹簧,如图 8-28 所示。

拆下的气门,必须做好标记并按顺序摆放,以免破坏气门与气门座及气门导管的配合。气门锁片或锁销很小,应注意不要丢失。

(2) 外观检验。

气门有裂纹、破损或严重烧蚀时,应更换气门。

(3) 气门杆弯曲和气门头部歪斜的检验。

① 如图 8-29 所示,将气门支承在两个距离为 100mm 的 V 形块上,用百分表角头测量气门杆中部的弯曲度。气门旋转一周,百分表上最大与最读数之差的 1/2 为直线度误差,其值大于 0.03mm 时,应予以更换或校正。

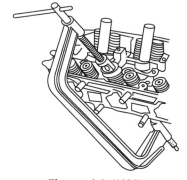

图 8-28　气门的拆装

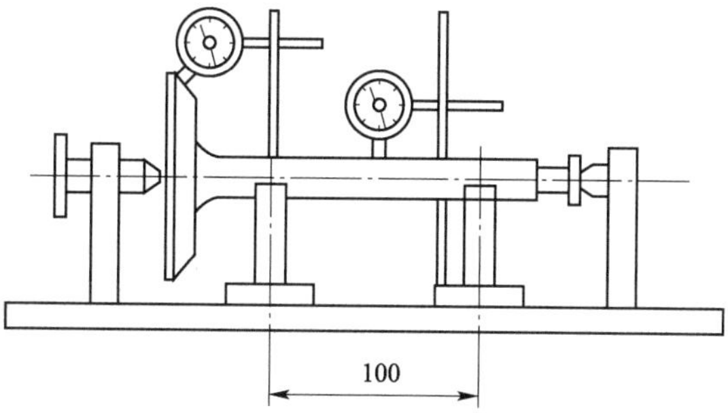

图 8-29　气门杆弯曲的检验

② 在气门头部,工作锥面用百分表测量。转动气门头部一圈,百分表上最大读数与最小读数之差的 1/2 为倾斜度误差。其值大于 0.02mm 时,应予以更换。

(4) 气门杆磨损检验。

如图 8-30 所示,气门杆的磨损可用外径千分尺进行测量,气门杆径向磨损量大于规定时,应予以更换。

(5) 气门杆端面磨损检验。

用钢尺在平台上检查气门的长度,轴向磨损量大于规定时应予以更换。若轴向磨损未超过极限值,而杆端面出现不平、疤痕时,可用气门光磨机修磨。

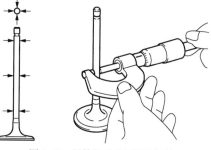

图 8-30　用外径千分尺测量气门

(6) 气门工作面磨损检验。

气门头部工作面若有斑点、严重烧蚀等,可用气门光磨机修磨。

(7) 气门的修磨。

修磨气门通常在气门光磨机上进行。

① 气门光磨后,进、排气门气门头最小边缘厚度,不得小于 0.50mm,否则应更换气门。

② 修磨后,气门工作锥面对气门杆轴线的斜向圆跳动不大于 0.03mm,否则予以更换。

2. 气门座圈的检修

将气门座圈清理干净并检查工作面。气门座圈工作面磨损变宽超过 1.4mm,工作面烧蚀出现斑点、凹陷时,应进行铰削与修磨。

(1)气门圈的铰削。

①如图 8-31 所示,根据气门直径选用合适的气门座铰刀,根据气门导管内径选择合适的铰杠,并插入气门导管内,以无明显松动为宜。

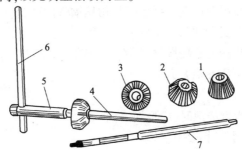

图 8-31　气门座铰刀
1、2、3-铰刀;4-导杆;5、6-铰杠;7-导管铰刀

②用砂布垫在铰刀表面,砂磨气门座圈工作表面的硬化层。

③用与气缸工作面锥角相同的铰刀铰削工作锥面,直到将烧蚀、斑点等铰除为止。

④在新气门或修磨过的气门锥面上涂一层红丹油,检查接触面的位置,应在气门锥面的中下部,宽度为 1.0~1.4mm。

⑤用 45°细铰刀,或在铰刀下面垫上细砂布铰磨,以降低接触表面粗糙度值。

(2)气门的研磨。

如气门与气门座圈配合不严密,可对气门进行研磨。步骤如下:

①清洗气门座、气门及气门导管,并在气门顶部做标记。

②在气门工作面上涂以薄层研磨砂,气门杆上涂以清洁机油,插入气门导管内。

③变换气门与座圈的位置,正确研磨。粗磨后,接触环带应整齐、无斑痕、无麻点状。

④粗研完毕清洗各部位,用细研磨砂研磨,直至工作面出现一条灰色无光的环带为止。

注意事项

1. 如果接触面偏上,则应用 30°铰刀铰削,使接触面下移。
2. 如果接触面偏下,则应用 75°铰刀铰削,使接触面上移。

(3)气门与气门座圈密封性检查。

①检查前,将气门与气门座圈清洗干净,在气门锥面上用软铅笔沿轴向均匀地画上若干条线,然后与气门座圈接触。略压紧并转动气门 90°,取出气门,检查铅笔线是否被切断。若被切断,说明密封性良好,否则应重新研磨。

②将气缸盖倒放在检测平台上,并装上与待检测气缸同一缸的气门和火花塞。向燃烧室注入煤油或汽油,5min 内气门与座圈接触处应无渗漏现象。

(4)气门座圈的镶配。

气门座圈工作面低于气门座圈原平面 1.5mm 时,应更换气门座圈。气门座圈修磨前,应确定其最大允许修磨尺寸。

第五步　气门导管的检修

1. 更换气门导管

更换气门导管时,应用冲子和锤子将气门导管按规定的方向(一般为气缸盖上方)拆出旧气门导管;如果旧气门导管装有限位卡环,拆卸前应先将其露出气门导管孔的部分敲断。此外,对于铝合金气缸盖,拆卸旧气门导管前还应加热气缸盖,以免气缸盖裂损。

拆下旧气门导管后,应根据新导管外径适当铰削气门导管孔,使气门导管与气门导管孔有适当的过盈量,一般为 0.015~0.065mm。

安装新气门导管前,应先用 60~80℃ 的热水或喷灯加热气缸盖,然后用冲子和锤子将新气门导管敲入气门导管孔,气门导管伸出进、排气道的高度应符合规定。气门导管安装好后,应铰削气门导管内孔,使气门导管与气门杆配合间隙符合要求。

2. 更换气门油封

机油无泄漏而消耗异常,一般是活塞与气缸配合间隙过大或气门油封漏油所致。更换气门油封时,应使用专用工具安装气门油封。注意:有些发动机进气门油封与排气门油封是不同的,如广州本田轿车的进气门油封的弹簧为白色,而排气门油封的弹簧为黑色,安装时不能装错,如图 8-32 所示。

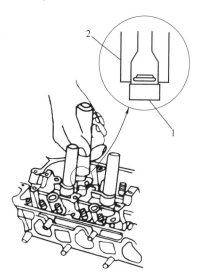

图 8-32 气门油封的安装
1-气门油封;2-油封安装套筒

学习小结

(1) 凸轮式配气机构由气门组和气门传动组组成。

(2) 顶置气门式配气门机构是现代汽车发动机一般采用的配气机构,气门安装在燃烧室的顶部。

(3) 气门组零件主要包括气门、气门座、气门导管和气门弹簧等。

(4) 气门传动组由凸轮轴、正时齿轮、挺杆、推杆、摇臂和摇臂轴等零件组成。

项目评价

考评项目		自我评价	小组互评	教师评价
素质考评(20分)	劳动纪律(4分)			
	安全意识(4分)			
	环保意识(4分)			
	团队精神(4分)			
	协作能力(4分)			
技能考评(80分)	工量具使用(10分)			
	任务方案(15分)			
	实施过程(30分)			
	完成结果(15分)			
	工单填写(10分)			
合计(100分)				
综合评价(100分)				

学生签字:_____   组长签字:_____   教师签字:_____

项目九　曲柄连杆机构异响的检查与更换

项目导入

汽车在行驶中出现动力下降、发动机有异响,经检查发动机汽缸压力较低,加注机油后汽缸压力有所提高,初步确定活塞环与汽缸壁间隙过大,需要检查与更换发动机活塞环等部件,如图9-1所示。

图9-1　曲柄连杆机构

学习目标

一、知识目标

(1)能通过对汽缸压力及发动机异响的检查,确定曲柄连杆机构的拆检任务及要求。

(2)能够通过查阅发动机维修手册,描述发动机机体组、活塞连杆组、曲轴飞轮组的功用、组成、工作原理等。

二、技能目标

能使用相关工具,完成发动机曲柄连杆机构的检查与更换。

知识准备

一、曲柄连杆机构的功用

曲柄杆机构的作用是提供燃烧场所,把燃料燃烧后气体作用在活塞顶上的膨胀压力转变为曲轴旋转的转矩,不断输出动力。

(1)将气体的压力变为曲轴的转矩。

(2)将活塞的往复运动变为曲轴的旋转运动。

二、曲柄连杆机构的组成

曲柄连杆机构由机体组、活塞连杆组、曲轴飞轮组三部分组成。
(1) 机体组:主要包括汽缸体、汽缸垫、汽缸盖、曲轴箱及油底壳等不动件。
(2) 活塞连杆组:主要包括活塞、活塞环、活塞销、连杆等运动件。
(3) 曲轴飞轮组:主要包括曲轴、飞轮等。

1. 机体组

机体是构成发动机的骨架,是发动机各机构和各系统的安装基础,其内、外安装着发动机的所有主要零件和附件,承受各种载荷。因此,机体必须要有足够的强度和刚度。机体组包括汽缸体、汽缸垫、汽缸盖、曲轴箱及油底壳等。

2. 活塞连杆组

活塞连杆组由活塞、活塞环、活塞销、连杆、连杆轴瓦等组成,如图9-2所示。

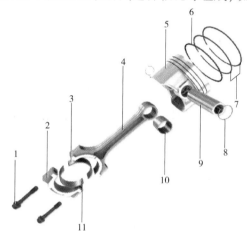

图9-2 活塞连杆组

1-连杆螺栓;2-连杆轴承盖;3-连杆上轴承;4-连杆;5-活塞;6-油环;7-气环;8-卡簧;9-活塞销;10-活塞销衬套;11-连杆下轴承

3. 曲轴飞轮组

曲轴飞轮组主要由曲轴、飞轮和一些附件组成,如图9-3所示。

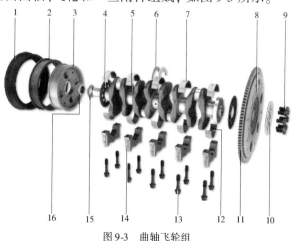

图9-3 曲轴飞轮组

1-曲轴皮带轮;2-橡胶环;3-摩擦盘;4-曲轴位置传感器信号转子;5-曲轴;6-止推垫片;7-主轴承上轴瓦;8-飞轮;9-螺栓;10-飞轮挡圈;11-齿圈;12-主轴承下轴瓦;13-主轴承螺栓;14-主轴承盖;15-机油泵驱动链轮;16-曲轴正时齿轮

三、机体组结构

1. 机体组组成

机体组是发动机的支架,是曲柄连杆机构、配气机构和发动机各系统主要零件的装配基体。它主要由汽缸体、汽缸盖、汽缸垫和油底壳等组成,如图9-4所示。

汽缸体上半部有一个或若干个圆柱形空腔,即为汽缸,作用是引导活塞在其中运动。汽缸体内还加工有引导机油的油道及让冷却液流通的水套,如图9-5所示。

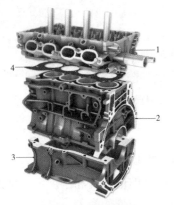

图9-4 机体组组成
1-汽缸盖;2-汽缸体;3-曲轴箱;4-汽缸垫

图9-5 汽缸体结构
1-机油回油孔;2-汽缸;3-水套;4-曲轴支承座;5-润滑油主油道

2. 汽缸盖结构

汽缸盖上安装着进、排气门,气门摇臂(或凸轮轴),火花塞(或喷油器)及进、排气歧管。汽缸盖内有与汽缸体相通的水套、机油道、火花塞座孔、喷油器座孔以及燃烧室、进排气道等,如图9-6和图9-7所示。

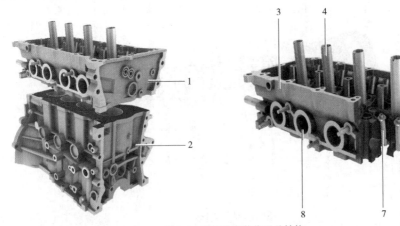

图9-6 汽缸盖安装位置及结构
1-汽缸盖;2-汽缸体;3-汽缸盖;4-火花塞安装导管;5-机油道;6-机油道;7-气门导管;8-排气管

图9-7 汽缸盖结构

1-气门安装孔;2-液压挺柱安装孔;3-回油孔;4-汽缸盖螺栓孔;5-排气座孔;6-水道孔;7-进气座孔;8-冷却液管

3.汽缸盖功用

汽缸盖是用来封闭汽缸的上部,并与活塞顶、汽缸壁共同构成一个密闭的可变空间(燃烧室),如图9-8所示。

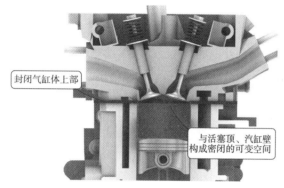

图9-8 汽缸盖功用

4.油底壳结构

如图9-9所示,油底壳一般为薄钢板冲压而成,有的发动机为了加强散热效果采用铝合金铸造。它的形状取决于发动机的总体布置和所需机油的容量。

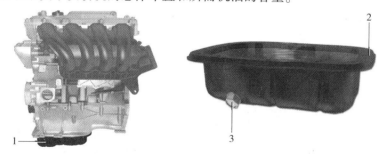

图9-9 油底壳安装位置及结构

1-油底壳;2-壳体;3-放油螺塞

油底壳中后部一般做得较深,以便发动机纵向倾斜时机油泵仍能吸到机油。底部装有磁性的放油螺塞。放油螺塞的密封垫为一次性使用,拆过后即要予以更换。

5.油底壳功用

油底壳主要用来储存机油并封闭曲轴箱。同时,底部的磁性放油螺栓能吸附机油中的金属屑,以减少发动机中运动零件的磨损,如图9-10所示。

图 9-10　油底壳功用

四、活塞连杆组

活塞连杆组安装在汽缸体内,主要由活塞、活塞环、活塞销、连杆等机件组成。活塞连杆组将活塞的往复运动转变为曲轴的旋转运动,同时将作用于活塞上的力转变为曲轴对外输出的转矩,如图 9-11 所示。

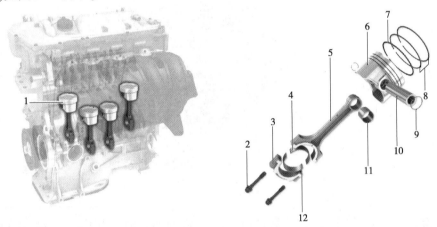

图 9-11　活塞连杆组安装位置及结构

1-活塞连杆组;2-连杆螺栓;3-连杆轴承盖;4-连杆上轴承;5-连杆;6-活塞;7-油环;8-气环;9-卡簧;10-活塞销;11-活塞销衬套;12-连杆下轴承

1. 活塞结构

活塞可分为三部分:活塞顶部、活塞头部和活塞裙部,如图 9-12 所示。

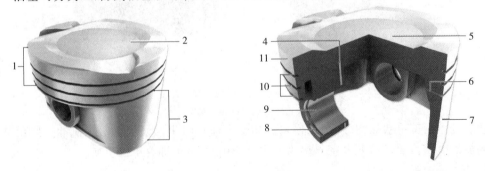

图 9-12　活塞结构

1-活塞头部;2-活塞顶部;3-活塞裙部;4-恒范钢片;5-活塞顶部;6-回油孔;7-活塞裙部;8-卡簧槽;9-活塞销座孔;10-活塞环槽;11-活塞头部

(1)活塞顶部是燃烧室的组成部分,常制成不同的形状。汽油机活塞顶部多采用平顶或凹顶。有的活塞顶部有装配标记,装配时要指向发动机前端。

(2)活塞头部上面一般有 2~3 道槽用来安装气环,最下面一道用来安装油环。油环槽的底部钻有很多径向小孔被称为回油孔,使油环从汽缸壁上刮下的多余机油经此流回油底壳。

(3)活塞裙部上开有圆孔用来安装活塞销,圆孔上有卡簧槽。活塞裙部用来引导活塞在汽缸中做往复运动。

2. 活塞功用

活塞的主要作用是承受汽缸中的气体压力,并将此压力通过活塞销传递给连杆,以推动曲轴旋转。活塞顶部还与汽缸盖、汽缸壁等共同组成燃烧室,如图 9-13 所示。

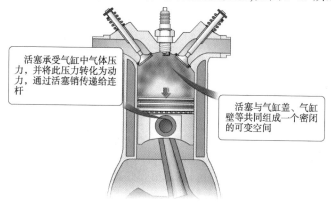

图 9-13　活塞功用

3. 活塞环

活塞环是中间断开的弹性金属环,它包括气环和油环两种。活塞上部安装气环,下部为油环。活塞环装在活塞上时,环的开口相互错开,以卡罗拉轿车为例三道环之间相互错开120°,如图 9-14 所示。

图 9-14　活塞环
1—气环;2—油环

(1)气环。

气环用于保证活塞与汽缸壁间的密封,防止汽缸中的高温、高压燃气大量漏入曲轴箱,同时还将活塞顶部的大部分热量传给汽缸壁,起到导热作用,如图 9-15 所示。

(2)油环。

油环在活塞下行时,刮除汽缸壁上多余的机油;在活塞上行时,将机油均匀涂布在汽缸壁上。这样既可以防止机油窜入汽缸燃烧,又可以减小活塞、活塞环与汽缸壁的磨损与摩擦阻力,如图 9-16 所示。

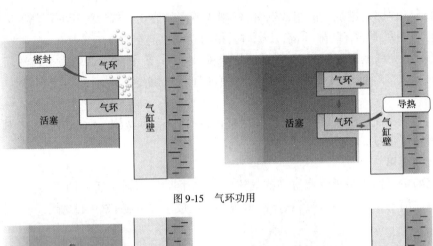

图 9-15 气环功用

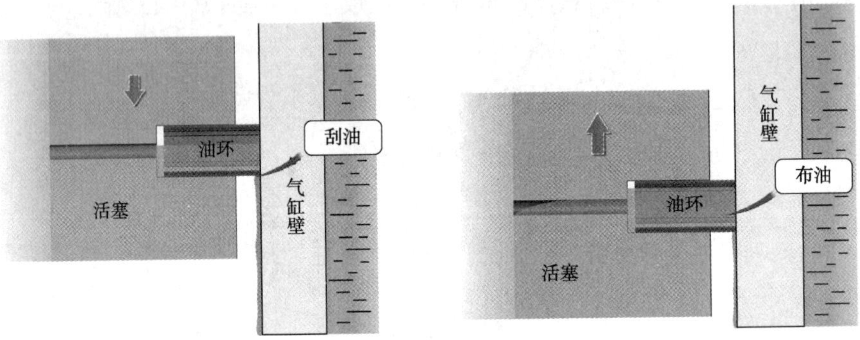

图 9-16 油环功用

4. 活塞销

活塞销通常用低碳钢或低碳合金钢做成空心圆柱体,它的作用是连接活塞和连杆,将活塞承受的气体作用力传给连杆。

5. 连杆与连杆轴承

连杆分为连杆小头、杆身和连杆大头三部分,如图 9-17 所示。

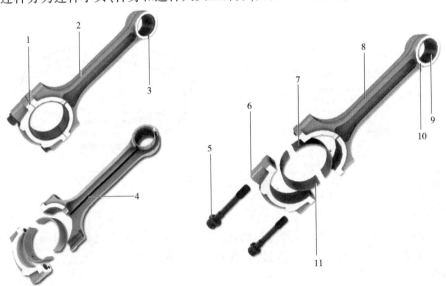

图 9-17 连杆结构

1-连杆大头;2-连杆杆身;3-连杆小头;4-油道;5-连杆螺栓;6-连杆轴承盖;7-连杆上轴盖;8-连杆杆身;9-活塞销衬套;10-连杆小头;11-连杆下轴承

（1）连杆小头用于安装活塞销，连接活塞。全浮式连杆小头内压有润滑衬套。

（2）杆身多采用工字形断面，以提高其抗弯刚度。杆身内有纵向的压力油通道，以对活塞销进行压力润滑。

（3）连杆大头通过轴承与曲轴的连杆轴颈相连。为便于安装，通常将连杆大头做成剖分式，上半身与杆身一体，下半部即为连杆盖，两者通过螺栓装合，其中有油道通向活塞销。

连杆轴承采用钢背和减磨层组成的分开式薄壁滑动轴承，内表面有油槽，用以储油和保证润滑。

6. 连杆与轴承功用

连杆与轴承的功用是连接活塞和曲轴，把活塞的往复运动转变为曲轴的旋转运动，并将活塞承受的力传给曲轴，如图9-18所示。

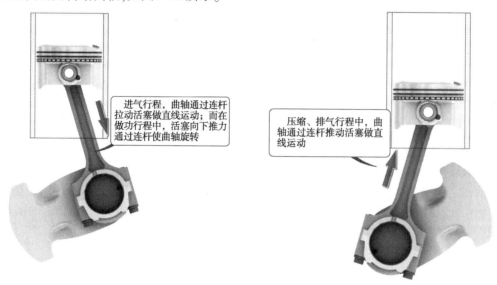

图9-18　连杆与轴承功用

五、曲轴飞轮组

1. 曲轴飞轮组组成

如图9-19所示，曲轴飞轮组主要由曲轴和飞轮以及其他具有不同作用的零件和附件组成，其零件和附件的种类和数量取决于发动机的结构和性能要求，如图9-20所示。

图9-19　曲轴飞轮组安装位置及外观展示图

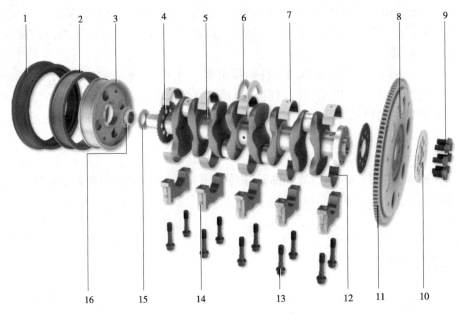

图 9-20 曲轴飞轮组结构分解图

1-曲轴皮带轮;2-橡胶环;3-摩擦盘;4-曲轴位置传感器信号转子;5-曲轴;6-止推垫片;7-主轴承上轴瓦;8-飞轮;9-螺栓;10-飞轮挡圈;11-齿圈;12-主轴承下轴瓦;13-主轴承盖螺栓;14-主轴承盖;15-机油泵驱动链轮;16-曲轴正时齿轮

2. 曲轴结构

曲轴主要由前端轴、平衡重、连杆轴颈、主轴颈、曲柄臂和后端凸缘等部件组成。在发动机工作中,曲轴要承受弯曲与扭转载荷,要求曲轴具有足够的刚度、强度和耐磨性,如图 9-21 所示。

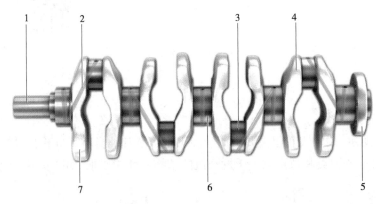

图 9-21 曲轴结构

1-前端轴;2-润滑油道;3-连杆轴颈;4-曲柄臂;5-后端凸缘;6-主轴颈;7-平衡重

(1)曲拐的布置。

一个连杆轴颈与它两端的曲柄及主轴颈构成一个曲拐。曲轴的曲拐数取决于汽缸的数目及其排列方式。直列式发动机曲轴的曲拐数等于汽缸数,V 形发动机曲轴的曲拐数等于汽缸数的一半,如图 9-22 所示。

(2)平衡重。

平衡重在曲拐的对面,用来平衡发动机不平衡的离心力和离心力矩,有时还用来平衡一部分往复惯性力,如图 9-23 所示。

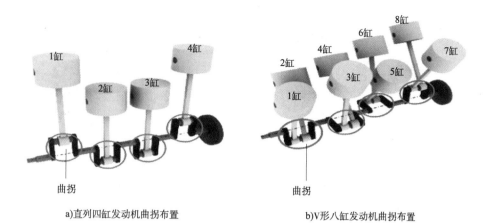

a)直列四缸发动机曲拐布置　　　　b)V形八缸发动机曲拐布置

图 9-22　曲拐数

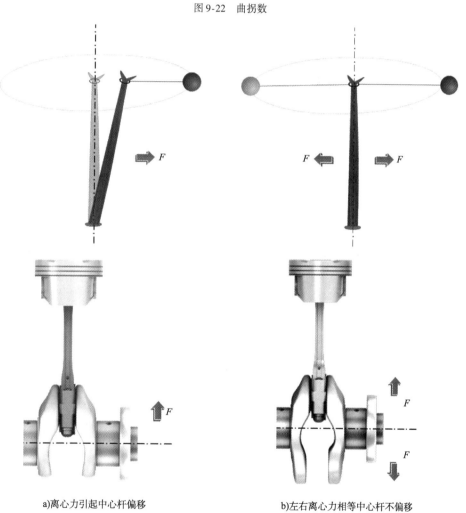

a)离心力引起中心杆偏移　　　　b)左右离心力相等中心杆不偏移

图 9-23　平衡重功用

3. 曲轴功用

曲轴的功用是承受活塞连杆组传来的力,并由此产生绕其本身轴线的力矩,并将转矩对外输出。同时,曲轴还为活塞连杆组的上行运动提供动力,如图 9-24 所示。

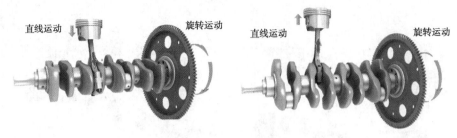

图 9-24　曲轴的功用

4. 飞轮结构

飞轮(图 9-25)是一个转动惯量很大的圆盘,外缘上压有一个齿圈,与起动机的驱动齿轮啮合,供起动发动机时使用。为了保证足够的转动惯量,飞轮轮缘通常做得宽而厚。

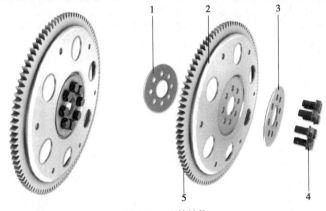

图 9-25　飞轮结构

1-飞轮挡圈;2-飞轮;3-飞轮挡圈;4-飞轮固定螺栓;5-齿圈

5. 飞轮功用

飞轮的主要作用是储存做功行程的一部分动能,以克服其他行程中的阻力,使曲轴均匀旋转,使发动机具有克服短时超载的能力。

项目实施

一、实施路径

(1)第一步:汽缸盖拆装。
(2)第二步:油底壳拆装。
(3)第三步:活塞连杆组拆装。
(4)第四步:曲轴飞轮组拆装。

二、实施方案

(1)课时建议:24 学时(按实际维修工时要求)。
(2)教学环境:一体化教学实训中心。
(3)质量要求:参照厂家的质量标准要求。
(4)组织方式:学生自由组合,每 4~6 位同学为一组。
(5)生产准备,每组配备的工具及设备:
①场地,具有消防设施的实训维修车间。

②举升机,安全支座,套装常用工具、专用工具。
③轿车、维修作业台等。
④耗材:清洁布等。

(6)实训作业要求。

具体要求同项目一,这里不再赘述。

三、实施步骤

第一步　汽缸盖拆装

1. 拆卸汽缸盖

(1)拆卸汽缸盖分总成。

①从汽缸盖两边到中间,按对角的顺序,用 10 mm 双六角套筒、接杆、指针式扭力扳手,分步均匀地松开 10 个汽缸盖螺栓、用棘轮扳手拆下螺栓,如图 9-26 所示。

②用磁力吸棒吸取 10 个平垫圈,如图 9-27 所示。

注意事项:
　　汽缸盖的主要故障是翘曲变形、腐蚀、螺纹孔的损伤。因此,在汽缸盖的拆卸过程中,要求在常温下按照规范要求进行

图 9-26　拆卸汽缸盖分总成

图 9-27　磁力棒吸取平垫圈

注意事项

螺栓拆卸顺序不正确可导致汽缸盖翘曲或开裂。

③使用头部缠有胶带的螺丝刀,撬动汽缸盖和汽缸体之间的部位,拆下汽缸盖,如图 9-28 所示。

注意事项

按照维修手册规定位置进行撬动。

(2)拆卸汽缸盖衬垫。

用铲刀将汽缸垫从汽缸体上铲下,如图 9-29 所示。

注意事项:
　　在使用头部缠有胶带的螺丝刀时,小心不要损坏汽缸盖与汽缸体之间的接触面。

图 9-28　螺丝刀撬动汽缸盖

注意事项:
　　使用铲刀分离汽缸垫时,小心不要损坏汽缸体平面。

图 9-29　铲下汽缸盖衬垫

2. 安装汽缸盖

(1) 安装汽缸盖衬垫。

将衬垫放在汽缸体表面上,并使印有批次号的一面朝上,如图9-30所示。

> **注意事项**
> 1. 清除接触面的所有机油。
> 2. 确保衬垫按正确的方向安装。

(2) 安装汽缸盖分总成。

①对准定位销,将汽缸盖平稳放到汽缸体上,如图9-31所示。

图9-30 安装汽缸盖

图9-31 安装汽缸盖分总成

> **注意事项**
> 在对准定位销时注意汽缸盖不要滑动,以免定位销损坏汽缸盖下平底面。

②在螺栓的螺纹和与垫圈相接触的螺栓头下部,涂抹一薄层发动机机油,如图9-32所示。

③将螺栓和平垫圈安装至汽缸盖。

> **注意事项**
> 不要将垫圈掉到汽缸里。

④从汽缸盖中间到两边按对角线的顺序,用10 mm双六角套筒、接杆、棘轮扳手,分步均匀对10个汽缸盖固定螺栓和平垫圈进行预紧。再选用扭力扳手进行紧固,将螺栓紧固至49 N·m,如图9-33所示。

图9-32 润滑螺丝螺纹

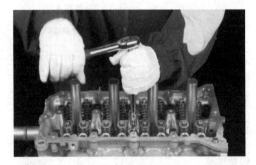

图9-33 紧固汽缸盖螺栓

⑤用油漆在汽缸盖螺栓前端做标记。

⑥将汽缸盖螺栓再次用指针式扭力扳手旋转紧固90°,然后再旋转紧固45°,如图9-34所示。

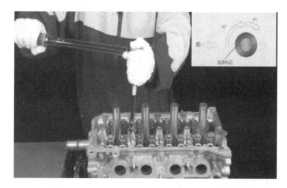

图 9-34　再次紧固汽缸盖螺栓

第二步　油底壳拆装

1. 拆卸油底壳

(1) 用 10mm 双六角套筒、接杆、棘轮扳手,按图 9-35 所示顺序拆下 10 个螺栓、2 个螺母。

(2) 将油底壳密封刮刀的刃片插入曲轴箱和油底壳之间,切断密封胶,并拆下油底壳,如图 9-36 所示。

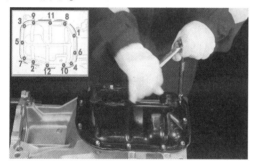

图 9-35　拆卸油底壳螺栓

图 9-36　切断密封胶,拆下油底壳

注意事项

小心不要损坏曲轴箱、链条盖和油底壳的接触面。

2. 安装油底壳

(1) 使用铲刀,清除油底壳接触面上所有旧的填料。清除后用抹布将接触面擦拭干净,如图 9-37 所示。

注意事项

不要将机油滴在汽缸体和油底壳的接触面上。

(2) 在油底壳上涂抹一条连续的密封胶(直径 4.0 mm),如图 9-38 所示。

图 9-37　清理油底壳填料

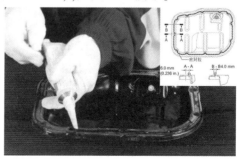

图 9-38　涂抹油底壳密封胶

注意事项

涂抹密封胶后3min内安装油底壳。

（3）如图9-39所示，用10mm双六角套筒、接杆、棘轮扳手和扭力扳手，按顺序将10个螺栓和2个螺母分次拧紧并紧固至10 N·m，完成油底壳安装。

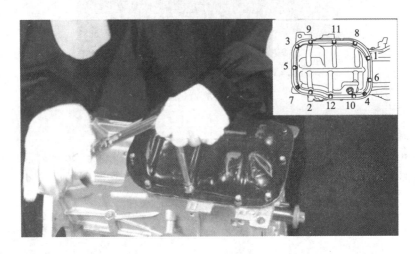

图9-39 紧固油底壳螺栓

第三步　活塞连杆组拆装

1. 拆卸活塞连杆组

（1）拆卸带连杆的活塞分总成，如图9-40所示。

①目视检查汽缸内是否有缸肩和积炭，若有缸肩和积炭需用铰刀去除。

②检查并确认连杆和连杆轴承盖上的装配标记相互对准，以确保正确的重新装配，如图9-41所示。

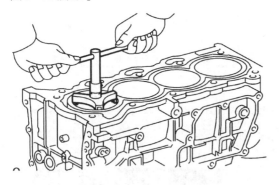

图9-40 拆卸活塞组

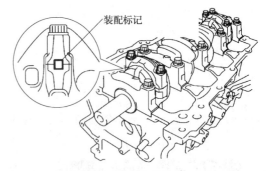

图9-41 检查连杆及连杆轴承盖标记

注意事项

1. 连杆和连杆轴承盖的装配标记是为了确保正确的重新安装。
2. 若没有装配标记，用号码钢印在连杆轴承盖侧面做好标记。

③用连杆螺栓套筒和棘轮扳手均匀松开2个连杆螺栓，如图9-42所示。

④用2个已拆下的连杆轴承盖螺栓，通过左右摇动连杆盖，拆下连杆盖和下轴瓦，如图9-43所示。

图9-42 松开连杆螺栓

图9-43 拆下连杆盖和下轴瓦

注意事项
连杆轴瓦应保持在连杆轴承盖中。

⑤如图9-44所示,从汽缸体的上部推出活塞连杆总成和上轴瓦。

注意事项
1. 使轴承、连杆和连杆轴承盖连在一起。
2. 拆下后按正确的顺序摆放活塞和连杆总成。

(2)拆卸连杆轴承。
①若需更换连杆轴承时,从连杆轴承盖上拆下连杆下轴瓦。
②从连杆上拆下连杆上轴瓦。
2. 安装活塞连杆组
(1)安装连杆轴承。
①若更换了连杆轴承,则先将连杆轴承安装到连杆和轴承盖上,如图9-45所示。

图9-44 取下活塞

图9-45 安装连杆轴承

②用游标卡尺测量连杆边缘和轴承盖边缘与连杆轴承边缘间的距离,如图9-46所示。尺寸$(A-B)$:0.7 mm或更小。

(2)安装带连杆的活塞分总成。
①如图9-47所示,在汽缸壁、活塞、连杆轴承表面上涂抹发动机机油。

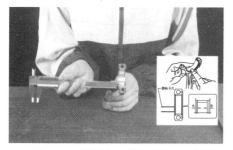
图9-46 测量连杆和轴承之间的间隙

图9-47 润滑汽缸、活塞及连杆轴承

②先把曲轴的连杆轴颈转到下止点；活塞环开口按要求错开布置；使活塞标记朝前，用活塞环压缩器将活塞环压缩后的活塞连杆总成放入对应汽缸内。用手锤木柄将活塞连杆轴承推入汽缸，如图9-48和图9-49所示。

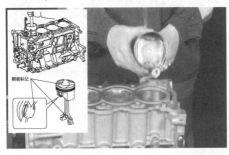

图9-48 安装活塞环

图9-49 安装活塞

③检查并确认连杆轴承盖的凸起部分朝向正确的方向。
④在连杆轴承盖螺栓的螺纹上和螺栓头下部涂抹一薄层发动机机油。

注意事项
1. 将活塞连杆组装入汽缸时，应使记号朝向体内前方。
2. 使连杆轴承盖与连杆的编号（或记号）相匹配。

3. 安装连杆螺栓

①用连杆螺栓套筒和棘轮扳手分多次交替拧紧连杆螺栓，再用扭力扳手将连杆螺栓紧固至20N·m，如图9-50所示。
②用油漆在连杆螺栓前端做标记，如图9-51所示。

图9-50 紧固连杆螺栓

图9-51 标记连杆螺栓

③将连杆螺栓再次旋转紧固90°，如图9-52所示。

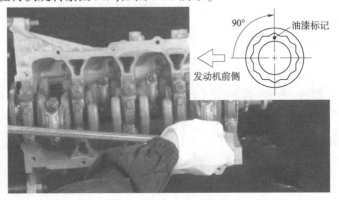

图9-52 再次紧固连杆螺栓

第四步 曲轴飞轮组拆装

1. 拆卸曲轴飞轮组

(1) 拆卸飞轮分总成

① 用曲轴皮带轮固定工具和接合凸缘固定工具固定住曲轴,如图 9-53 所示。

② 按对角顺序拆下 8 个飞轮螺栓和飞轮分总成,如图 9-54 所示。

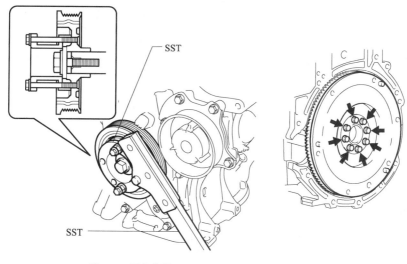

图 9-53　固定曲轴　　　　　　　　　图 9-54　拆下飞轮螺栓

(2) 拆卸曲轴

① 按由两边向中间的顺序,均匀分次地拧松并拆下 10 个主轴承盖螺栓,如图 9-55 所示。

② 如图 9-56 所示,用 2 个已拆下的主轴承盖螺栓依次插入轴承盖,左右摇动并向上用力将轴承盖拉出。同样方法拆卸 5 个主轴承盖。

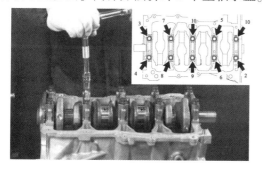 

图 9-55　按顺序拆下主轴承盖螺栓　　　　　图 9-56　拆下主轴承盖

注意事项

1. 小心不要损坏轴承盖和汽缸体的接触面。
2. 将主轴承下轴瓦和主轴承盖作为一个组件保存,并按正确的顺序摆放。

③ 取出曲轴。

(3) 拆卸曲轴止推垫片

从汽缸体上拆下曲轴止推垫片,如图 9-57 所示。

(4) 拆卸曲轴主轴承

① 从汽缸体上拆下 5 个上主轴承,如图 9-58 所示。

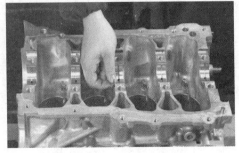
图9-57 拆下曲轴止推垫片(一)

图9-58 拆下曲轴止推垫片(二)

②从5个主轴承盖上拆下5个下主轴承,如图9-59所示。

注意事项
按正确的顺序摆放轴承。

2.安装曲轴飞轮组

(1)安装曲轴轴承

①将带机油槽的主轴承上轴瓦安装到汽缸体上。

②用游标卡尺测量汽缸体边缘和主轴承上轴瓦边缘间的距离,如图9-60所示。

图9-59 拆下曲轴主轴承

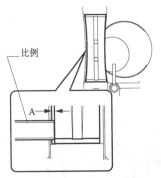
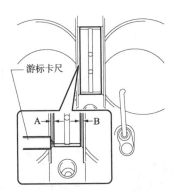

图9-60 测量汽缸体和主轴承上轴瓦之间的间隙
尺寸(A):0.5~1.0mm,尺寸(A-B):0.7 mm 或更小。

注意事项
不要在主轴承背面和主轴承接触表面上涂抹发动机机油。

③将主轴承下轴瓦安装到主轴承盖上。

④用游标卡尺测量主轴承盖边缘和主轴承下轴瓦边缘间的距离,如图9-61所示。尺寸(A-B):0.7 mm 或更小。

(2)安装曲轴止推垫片

①使机油槽向外,将2个止推垫片安装到汽缸体的3号轴颈下方。

②在曲轴止推垫圈上涂抹发动机机油。

(3)安装曲轴

①在主轴承上轴瓦上涂抹发动机机油,并将曲轴安装到汽缸体上,如图9-62所示。

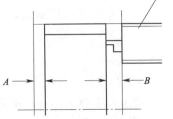
图9-61 测量主轴承盖和主轴承下轴瓦之间的间隙

②在主轴承下轴瓦上涂抹发动机机油,如图9-63所示。

图9-62 安装曲轴

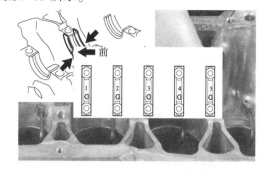
图9-63 安装曲轴上止推垫圈

③检查数字标记,并将主轴承盖安装到汽缸体上。
④在主轴承盖螺栓的螺纹上涂抹一薄层发动机机油。
⑤临时安装10个主轴承盖螺栓(即用手将10个螺栓安装到主轴承盖上,并用手拧紧稍做固定),如图9-64所示。
⑥以主轴承盖螺栓为导向,用手按下主轴承盖,直到主轴承盖和汽缸体间的间隙小于5 mm,如图9-65所示。

图9-64 装入主轴承盖螺栓

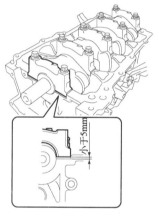
图9-65 压紧主轴承盖

⑦用塑料槌轻轻敲击主轴承盖以确保正确安装,如图9-66所示。
⑧安装曲轴轴承盖螺栓,然后按由中间向两边的顺序(图9-67),均匀分次拧紧10个主轴承盖螺栓,再用扭力扳手紧固至40N·m,如图9-68所示。

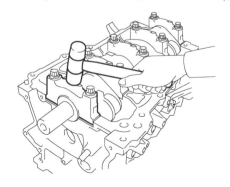
图9-66 确认主轴承盖的安装

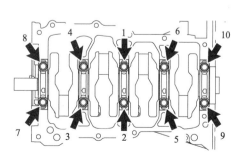
图9-67 拧紧顺序

⑨用油漆在主轴承盖螺栓前端做标记。
⑩按由中间向两边顺序,将主轴承盖螺栓再旋转紧固90°。

(4)安装飞轮分总成

①用曲轴皮带轮固定工具和接合凸缘固定工具固定住曲轴,如图9-69所示。

 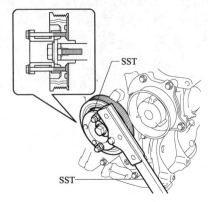

图9-68 定扭力扳手拧紧主轴承盖螺栓　　　　图9-69 固定曲轴

②在新飞轮螺栓末端的2~3个螺纹上涂抹黏合剂。

黏合剂:丰田原厂黏合剂1324、THREE BOND 1324 或同等产品。

③用8个飞轮螺栓将飞轮安装至曲轴凸缘上,按对角的顺序,分次均匀地预紧8个飞轮螺栓,再用扭力扳手将8个飞轮螺栓紧固至49 N·m,如图9-70所示。

④用油漆在螺栓前端做标记。按对角的顺序,将8个螺栓再旋转紧固90°,如图9-71所示。

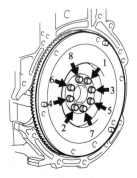 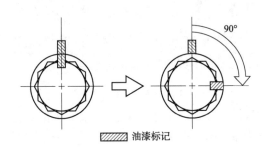

图9-70 拧紧飞轮螺栓　　　　图9-71 再次紧固曲轴螺栓

学习小结

(1)曲柄连杆机构的作用:
①将气体的压力变为曲轴的转矩。
②将活塞的往复运动变为曲轴的旋转运动。

(2)曲柄连杆机构由机体组、活塞连杆组、曲轴飞轮组三部分组成,其中:
①机体组主要包括汽缸体、汽缸垫、汽缸盖、曲轴箱及油底壳等不动件。
②活塞连杆组主要包括活塞、活塞环、活塞销、连杆等运动件。
③曲轴飞轮组主要包括曲轴、飞轮等。

项目评价

考评项目		自我评价	小组互评	教师评价
素质考评(20分)	劳动纪律(4分)			
	安全意识(4分)			
	环保意识(4分)			
	团队精神(4分)			
	协作能力(4分)			
技能考评(80分)	工量具使用(10分)			
	任务方案(15分)			
	实施过程(30分)			
	完成结果(15分)			
	工单填写(10分)			
合计(100分)				
综合评价(100分)				

学生签字:_____   组长签字:_____   教师签字:_____

项目十　发动机总成的就车更换

项目导入

一辆汽车由于发动机温度过高导致发动机不能正常工作,经过4S店检查,初步确定为发动机需要大修,需要把发动机总成(图10-1)进行就车拆装更换。

图10-1　发动机总成

学习目标

一、知识目标

(1)能熟悉发动机基本组成及发动机与汽车其他部分的连接关系。
(2)能描述汽车发动机拆装工作相关安全知识。

二、技能目标

根据工艺标准对发动机总成进行拆装更换。

知识准备

一、发动机整体构造

汽车发动机在整车上一般安装在前面的机舱内,且不是独立的个体,而是与其他部件有着密切的联系,各个系统机构都通过各种管路或电线连接到发动机上。因此,要将发动机从整车上拆下,必须解除发动机与其他部件的连接。

汽油发动机由两大机构和五大系统组成:曲柄连杆机构、配气机构、冷却系统、润滑系统、燃油供给系统、点火系统、起动系统,如图10-2~图10-9所示。

图10-2 发动机安装位置

图10-3 曲柄连杆机构
1-机体组;2-活塞连杆组;3-曲轴飞轮组

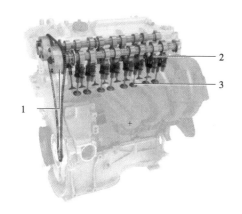

图10-4 配气机构
1-气门驱动组;2-气门传动组;3-气门组

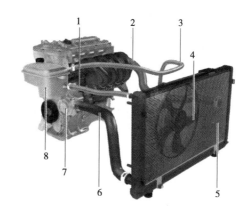

图10-5 冷却系统
1-补偿管;2-散热器进水软管;3-溢流管;4-冷却风扇;5-散热器;6-散热器出水软管;7-水泵;8-补偿水桶

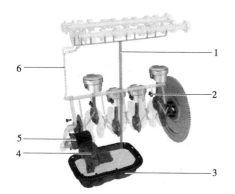

图10-6 润滑系统
1-回油道;2-机油喷嘴;3-油底壳;4-机油泵;5-机油滤清器;6-油道

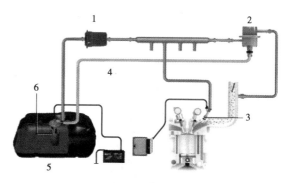

图10-7 燃油供给系统
1-汽油滤清器;2-汽油压力调节器;3-喷油器;4-回油管;5-油箱;6-油泵

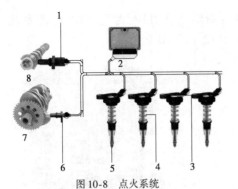
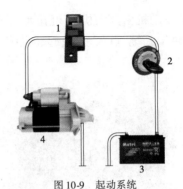

图 10-8 点火系统

1-凸轮轴位置传感器；2-ECU；3-点火模块；4-点火线圈；5-火花塞；6-曲轴位置传感器；7-曲轴；8-凸轮轴

图 10-9 起动系统

1-起动继电器；2-点火开关；3-蓄电池；4-起动机

二、工作安全手册

汽修作业须知：始终安全第一，防止事故伤害自己，这将不仅仅影响你，而且也会对你的家庭、同事和公司造成影响。

事故因素主要有以下两方面，如图 10-10 所示。

a) 人为因素　　b) 自然因素

图 10-10 事故因素

（1）人为因素造成的事故。由于不正确使用机器或工具、穿着不合适的衣物或由于作业中不小心造成的事故。

（2）自然因素造成的事故。机器或工具出现故障，缺少完整的安全防护，或者工作环境不良造成的事故。

1. 工作着装（图 10-11）

（1）穿工作服。为防止事故的发生，工作服必须结实、合身，以便于工作。为防止工作时损坏汽车，不要暴露工作服的带子、纽扣等。工作服不要裸露皮肤，以防止受伤或烧伤。

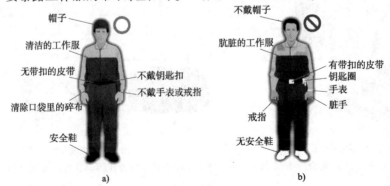

图 10-11 工作着装要求

(2)穿工作鞋。工作时穿安全鞋,是为防止偶然掉落的物体而受到伤害或滑倒,作业中不要穿着凉鞋或运动鞋。

(3)戴工作手套。提升重的物体或拆卸热的排气管等物体,建议戴上手套。对于其他作业,应根据工作类型来决定是否必须戴手套。

2. 工作场地(图10-12)

(1)不要把工具或零件留在有可能踩到的地方,将其放置在工作架或工作台上,并养成好习惯。

(2)立即清理干净任何飞溅的燃油、机油或者润滑脂,防止自己或者他人滑倒。

(3)不要在开关、配电盘或电机等附近使用可燃物。因为它们容易产生火花,并可能造成火灾。

图10-12 工作场地安全

3. 工具使用(图10-13)

(1)如果不正确使用电器、液压和气动设备,可能导致严重的伤害。

(2)使用会产生碎片的工具前,应戴好护目镜。使用砂轮机和钻孔机一类的工具后,要清除其上的粉尘和碎片。

(3)操作旋转的工具或者在有旋转设备的场合工作时,不要戴手套,以免手套被旋转的物体卷入,造成伤害。

(4)用升降机升起车辆时,初次应提升到轮胎稍微离开地面为止,确认车辆牢固地支撑在升降机上后,再完全升起。升起后,千万不要试图摇晃车辆,以免导致车辆跌落,造成严重损坏。

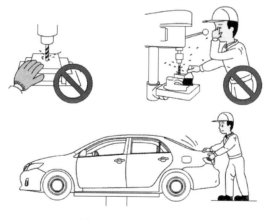

图10-13 正确使用工具

4. 防火措施(图10-14)

(1)不允许在非吸烟区抽烟,并且要确认将香烟熄灭在烟灰缸里。

(2)吸有汽油或机油的碎布,应当放置到带有盖的金属容器内。

(3)在油类存储地或可燃的零件清洗剂附近,不要使用明火。

(4)不要在处于充电状态的蓄电池附近使用明火或产生火花,因为它们会产生可以点燃的爆炸性气体。

(5)不要将可燃性废弃汽油和机油倒入下水道,因为可能导致污水管系统产生火灾。应将它们倒入油罐或者合适的容器内。

(6)在燃油泄漏的车辆没有修好之前,不要起动该车的发动机。修理燃油供给系统时,应当断开蓄电池的负极电缆以防止发动机被意外起动。

图 10-14　防火措施

5. 电器使用(图 10-15 和图 10-16)

(1)如果发现电气设备有任何异常,应立即关掉开关,并联系管理员等有关人员。

(2)如果电路中发生短路或意外火灾,在进行灭火之前应首先关掉开关。

(3)不要靠近断裂或摇晃的电线。不要触摸有"发生故障"标志的开关。千万不要用湿手接触任何电气设备。

(4)拔下插头时,不要拉电线,而应当拉插头本身。

(5)不要让电缆通过潮湿或有油的地方,也不要通过灼热的表面或者尖角部位。

(6)在开关、配电盘或电机等附近不要使用易燃物,因为它们容易产生火花。

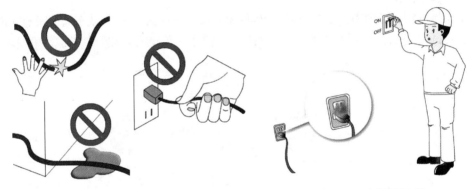

图 10-15　错误使用电器　　　　　图 10-16　正确使用电器

 项目实施

一、实施路径

(1)第一步:拆卸发动机连接件。

(2)第二步:拆卸发动机总成(带传动桥)。

(3)第三步:分离传动桥总成。

(4)第四步:安装传动桥总成。

(5)第五步:安装发动机总成。

(6)第六步:安装发动机连接件。

二、实施方案

(1)课时建议:20 学时(按实际维修工时要求)。

(2)教学环境:一体化教学实训中心。
(3)质量要求:参照厂家的质量标准要求。
(4)组织方式:学生自由组合,每4~6位同学为一组。
(5)生产准备,每组配备的工具及设备:
①场地,具有装有废气抽排系统和消防设施的实训维修车间。
②安全支座,套装常用工具、排气管支架、曲轴皮带轮固定工具。
③轿车、维修作业台等。
(6)实训作业要求。
具体要求见项目一,这里不再赘述。

三、实施步骤

第一步　拆卸发动机连接件

1. 拆卸发动机连接件
(1)燃油系统泄压。
①拆下后排座椅座垫总成,如图10-17所示。
②拆下后地板检修孔盖。
③断开燃油泵连接器,如图10-18所示。

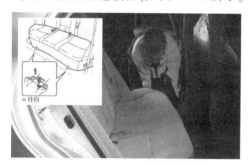

图10-17　拆下后排座椅总成

图10-18　断开燃油泵连接器

④运行发动机,待发动机自然停止后,将点火开关置于OFF位置,如图10-19所示。

注意事项
拆卸燃油系统油管前,须先释放燃油系统压力以防燃油喷出。

⑤再次起动发动机,确认发动机不能运转。
(2)排空冷却液、油液。
①排空发动机冷却液。

注意事项
　　在发动机和散热器还没有冷却下来时,不要拆下散热器储液罐盖。

②排空自动传动桥油液,如图10-20所示。
a. 拆卸发动机底罩。
b. 拆下放油螺塞和衬垫,并排空自动传动桥油液。

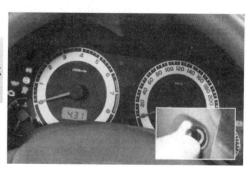

图10-19　关闭发动机点火开关

c. 安装新衬垫和放油螺塞(紧固力矩:49N·m)。

③排空发动机机油,如图10-21所示。

图10-20 排空自动传动桥油液

图10-21 排空发动机机油

(3)拆卸散热器上空气导流板。

(4)拆卸2号汽缸盖罩。

(5)拆卸空气滤清器,如图10-22所示。

(6)拆卸蓄电池,如图10-23所示。

①先断开蓄电池负极端子,再断开蓄电池正极端子。

②取下蓄电池。

③拆下蓄电池托盘及托架。

图10-22 拆卸空气滤清器

图10-23 拆卸蓄电池

(7)分离发动机连接管路。

①分离散热器进、出水软管,如图10-24所示。

②断开机油冷却器软管,如图10-25所示。

图10-24 分离发动机连接管路

图10-25 断开机油冷却器软管

③断开加热器进、出水软管(图10-26)。

④断开燃油管分总成(图10-27)。

图10-26 断开加热器进、出水软管

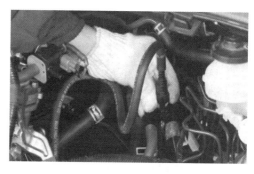

图10-27 断开燃油管分总成

(8)断开变速器控制拉索总成。
(9)拆卸发电机总成,如图10-28所示。
①拆下端子盖,将线束从端子B上断开。
②断开连接器和线束卡夹。
③拆下发电机和线束卡夹支架。
(10)分离带皮带轮的压缩机总成,如图10-29所示。
①断开连接器。
②用"TORX"套筒扳手(E8),拆下带皮带轮的压缩机总成。

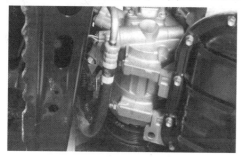

图10-28 断开发电机相关连接

图10-29 断开并拆下空调压缩机

注意事项

将压缩机和软管移至一旁固定好,避免泄漏空调系统冷冻液。

(11)断开线束。
断开所有线束和连接器,确保车身和发动机之间没有任何线束连接,如图10-30所示。
①分离线束盒。
②分离发动机ECU连接线束。
③分离发动机汽缸盖上搭铁线。
④分离变速器外壳上搭铁线。
2.拆卸分离各总成
(1)分离转向中间轴。
①固定转向盘,如图10-31所示。
②拆卸转向柱孔消音板。
③分离2号转向中间轴总成。

图10-30 断开线束连接

④断开转向柱1号孔盖分总成,如图10-32所示。

图10-31　固定转向盘

图10-32　拆卸转向柱分总成

(2)拆卸前排气管总成。

①断开加热型氧传感。

②拆卸前排气管,如图10-33所示。

拆下2个排气管固定螺栓,拆下排气管支架,然后拆下排气尾管总成。

(3)拆卸前桥半轴总成,如图10-34所示。

①拆卸前轮。

②拆卸前桥轮毂螺母。用专用工具主动轴螺母冲子拆卸轮毂螺母。

图10-33　拆卸前排气管

图10-34　拆卸前桥半轴总成

注意事项

完全松开轮毂螺母的锁紧部分,否则会损坏驱动轴的螺纹。

③断开前轮轮速传感器。

④用专用工具球节拉出器组件分离横拉杆接头分总成,分离左、右两侧横拉杆接头分总成,如图10-35所示。

⑤分离前稳定杆连杆总成,分离左前、右前稳定杆连杆总成,如图10-36所示。

图10-35　分离横拉杆接头

图10-36　分离左、右前稳定杆总成

注意事项

如果球节随螺母一起转动,则使用六角扳手(6mm)固定双头螺栓。

⑥拆卸制动钳与制动盘。

⑦分离前悬架下臂,如图10-37所示。

从前下球节上分离左前、右前悬架下臂。

⑧分离转向节和车桥轮毂,如图10-38所示。

图10-37 分离前悬架下臂

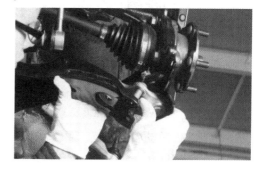

图10-38 分离转向节和车桥轮毂

⑨拆卸前桥半轴总成,如图10-39所示。

a. 使用SST拆下前桥左半轴。

b. 使用螺丝刀和锤子,拆下前桥右半轴。

(4)拆卸前悬架横梁。

①拆卸飞轮壳底罩。

②拆卸传动板和变矩器/离合器固定螺栓,如图10-40所示。

③拆卸发动机前悬支架下加强件,如图10-41所示。

④拆卸悬架横梁加强件,如图10-42所示。

图10-39 拆卸前桥半轴总成

图10-40 拆卸离合器/变矩器螺栓

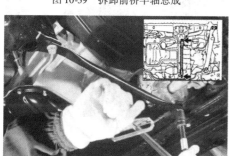

图10-41 前悬支架下加强件

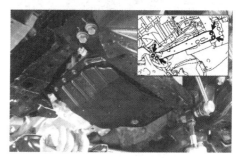

图10-42 拆卸悬架横梁加强件

a. 拆卸左、右前悬架横梁加强件。
b. 拆卸左、右前悬架横梁后支架。
⑤拆卸前悬架横梁分总成，如图10-43所示。
⑥拆卸前横梁，如图10-44所示。

图10-43　拆卸前悬架横梁分总成

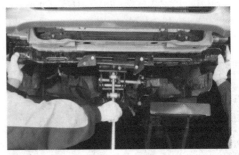

图10-44　拆卸前横梁

第二步　拆卸发动机总成（带传动桥）

（1）举升车辆，固定发动机，如图10-45所示。
（2）分别拆下发动机左、右两侧悬置隔振垫，如图10-46所示。

图10-45　固定发动机升降机

图10-46　拆下两侧悬置隔振垫

（3）小心地将带传动桥的发动机从车辆上拆下，如图10-47所示。

第三步　分离传动桥总成

（1）前期准备。
①安装发动机吊架。
②缓慢操作发动机吊架将发动机吊起。
③两人配合操作将发动机移到操作台上，如图10-48所示。

图10-47　拆下发动机总成

图10-48　吊下发动机到工作台

（2）拆卸发动机隔振垫，如图10-49所示。
分别拆卸发动机前、后、左、右侧悬置隔振垫。

(3)拆卸起动机总成。

(4)断开线束连接器,如图10-50所示。

图10-49 拆下发动机隔振垫

图10-50 断开发动机线束

(5)拆卸自动传动桥总成。

①拆卸自动传动桥。拆下7个螺栓,从发动机上拆下自动传动桥,如图10-51所示。

②拆卸传动桥和齿圈分总成,如图10-52所示。

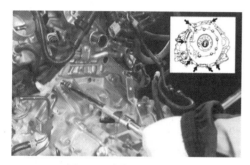

图10-51 拆卸自动传动桥

图10-52 拆卸传动桥和齿圈分总成

第四步 安装传动桥总成

1. 安装自动传动桥总成

(1)安装传动板和齿圈分总成,如图10-53所示。

①用SST固定住曲轴。

②清洁螺栓和螺栓孔,在螺栓末端的2或3个螺纹上涂抹黏合剂。

③安装前隔垫、传动板和后隔垫,均匀地紧固8个螺栓,螺栓紧固力矩:88N·m。

(2)安装自动传动桥总成。螺栓紧固力矩:30N·m。

2. 连接线束连接器

连接线束连接器,如图10-54所示。

图10-53 安装传动板和齿圈分总成

图10-54 紧固连接线束连接器

3. 安装起动机总成

(1) 安装起动机总成,如图10-55所示。起动机固定螺栓紧固扭矩:37N·m;螺母紧固力矩:9.8N·m;线束支架固定螺栓紧固力矩:8.4N·m。

(2) 安装发动机隔振垫,如图10-56所示。安装发动机前、后、左、右悬置隔振垫。螺栓紧固力矩:95N·m。

图10-55　安装起动机总成

图10-56　安装发动机隔振垫

第五步　安装发动机总成

(1) 将带传动桥的发动机总成推到车辆底部。

(2) 操作发动机升降机,缓慢降下车辆,直到发动机左侧和右侧悬置隔振垫可以安装的位置,如图10-57所示。

(3) 使用贯穿螺栓和螺母,安装发动机左侧悬置隔振垫。螺栓紧固力矩:56N·m。

(4) 使用螺栓和两个螺母,安装发动机右侧悬置隔振垫,如图10-58所示。螺母A紧固力矩,95N·m;螺母B紧固力矩,52 N·m。

图10-57　准备发动机安装

图10-58　安装发动机隔振垫

第六步　安装发动机连接件

1. 安装连接各总成

(1) 安装前悬架横梁,如图10-59所示。

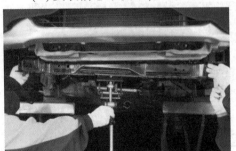

图10-59　安装前悬架横梁

① 安装前悬架横梁。

a. 安装发动机前横梁。

b. 用变速器千斤顶支撑前悬架横梁。

c. 安装前悬架横梁,并将氧传感器线束安装至前悬架横梁上。

② 安装前悬架横梁加强件,如图10-60所示。

a. 安装左、右前悬架横梁后支架。

b. 安装左、右前悬架横梁加强件。

③安装发动机前悬支架下加强件,螺栓紧固力矩:96N·m。
④如图10-61所示安装传动板和变矩器离合器固定螺栓,螺栓紧固力矩:28N·m。
⑤安装飞轮壳底罩。

图10-60 安装前悬架横梁加强件

图10-61 变矩器离合器螺栓紧固

(2)安装前桥半轴总成。
①安装前桥半轴总成,如图10-62所示。
a. 在内侧万向节轴花键上涂齿轮油。
b. 对准轴花键,用铜棒和锤子敲进驱动轴。
②安装转向节和车桥轮毂。
③安装前悬架下臂。螺栓紧固力矩:89N·m。
④安装前稳定杆连杆总成。螺栓紧固力矩:74N·m。
⑤连接横拉杆接头分总成,如图10-63所示。
a. 将横拉杆接头分总成连接至转向节。螺栓紧固力矩:49N·m。
b. 安装新的开口销。

图10-62 安装前桥半轴总成图

图10-63 装稳定杆连杆总成

注意事项

如果开口销也未对齐,将螺母进一步拧紧60°。

⑥安装前轮轮速传感器。轮速传感器与前减振器固定螺栓紧固力矩,29N·m。轮速传感器与转向节固定螺栓紧固力矩,8.5N·m。
⑦安装前桥轮毂螺母,如图10-64所示。
⑧安装前轮。
(3)安装前排气管总成,如图10-65所示。
①安装前排气管。
a. 用塑料锤和木块敲入新的衬垫,直至其表面与排气歧管齐平。

b. 安装排气管支架,然后用2个螺栓和2个压缩弹簧安装前排气管总成。螺栓紧固力矩:43N·m。

②安装加热型氧传感器。螺栓紧固力矩:40N·m。

图10-64　安装前桥轮毂螺母　　　　图10-65　安装前排气管总成

(4)连接转向中间轴,如图10-66所示。

①安装转向柱1号孔盖分总成。

②安装2号转向中间轴总成。螺栓紧固力矩:35N·m。

③安装转向柱孔盖消声板。

2.安装发动机连接件

(1)安装线束。

①用螺栓和卡夹将搭铁线安装至发动机舱导线,如图10-67所示。螺栓紧固力矩:26N·m。

图10-66　安装转向中间轴　　　　图10-67　安装发动机连接件

②用2个螺母安装线束。螺栓紧固力矩:8.4N·m。

③将线束连接器和线束卡夹连接至发动机舱接线盒。

④用卡夹和锁止杆将连接器连接至发动机控制单元。

(2)安装带皮带轮的压缩机总成,如图10-68所示。

①使用"TORX"梅花套筒扳手(E8),安装带皮带轮的压缩机总成。螺栓紧固力矩:9.8N·m。

②安装带皮带轮的压缩机总成,并按规定顺序旋紧螺栓和螺母。螺栓紧固力矩:25N·m。

(3)安装发电机。

(4)连接发动机管路(图10-69)。

①连接燃油管总成。

②连接加热器软管。

③连接单向阀软管接头。

④连接机油冷却器软管。
⑤连接散热器软管。

图10-68　安装带皮带轮的压缩机总成　　　图10-69　连接发动机管路

(5)安装变速器控制拉索总成。

(6)安装蓄电池,如图10-70所示。蓄电池托架固定螺栓紧固力矩,19N·m;卡夹固定螺栓紧固力矩,17N·m;螺母紧固力矩,3.5N·m;蓄电池端子固定螺栓紧固力矩,5.4N·m;固定螺栓紧固力矩,7.0N·m。

(7)安装空气滤清器。

(8)添加水、油液。添加ATF油、发动机冷却液、发动机机油,如图10-71所示。

(9)安装发动机底罩。安装发动机2号、1号底罩,发动机后部左侧、右侧底罩。

(10)安装2号汽缸盖罩。

(11)安装散热器上空气导流板。

图10-70　安装蓄电池　　　图10-71　添加发动机冷却液和油液

学习小结

(1)发动机总成安装作业的主要步骤:

安装自动传动桥总成、安装发电机总成、安装起动机总成、安装发动机总成、安装前悬架横梁、安装前桥半轴总成、安装前排气管总成、连接转向中间轴、安装发动机连接件。

(2)发动机总成安装作业中,需注意以下几点:

①装配前需对发动机总成和连接件进行清洁和检查。

②安装传动板和齿圈分总成时,需在螺栓末端的2或3个螺纹上涂抹黏合剂。

③用螺母将左侧横拉杆接头分总成连接至转向节时,若开口销孔未对齐,则需将螺母进

一步拧紧60°。

📚 项目评价

考评项目		自我评价	小组互评	教师评价
素质考评(20分)	劳动纪律(4分)			
	安全意识(4分)			
	环保意识(4分)			
	团队精神(4分)			
	协作能力(4分)			
技能考评(80分)	工量具使用(10分)			
	任务方案(15分)			
	实施过程(30分)			
	完成结果(15分)			
	工单填写(10分)			
合计(100分)				
综合评价(100分)				

学生签字：_____　　　　组长签字：_____　　　　教师签字：_____

参 考 文 献

[1] 吕秋霞.汽车发动机构造与维修[M].北京:人民交通出版社股份有限公司,2017.
[2] 刘锐.汽车发动机构造与维修[M].北京:人民交通出版社股份有限公司,2019.
[3] 刘贵森.汽车发动机构造与维修[M].北京:中国劳动社会保障出版社,2019.